肇庆学院学术著作出版基金资助
广东省教育厅项目：基于"双创能力"培养的旅游管理类专业实践教学体系优化路径研究阶段性成果
肇庆市社科联项目（23GJ-10）：场景视阈下肇庆夜间旅游高质量发展路径研究阶段性成果

服务设计与品牌忠诚度研究

Research on Service Design
and Brand Loyalty

唐伟 著

化学工业出版社
·北京·

内容简介

本书验证了服务接触与顾客体验价值、品牌偏好与品牌忠诚度之间的关系；梳理了品牌忠诚形成路径；验证了体验价值与品牌偏好的中介效应。本书可以弥补服务与品牌管理理论现有研究的不足，实践层面也可以优化现代服务企业管理效率和效益，有效提升品牌声誉和品牌价值，赋能服务企业内生发展动能与核心竞争力。

本书适用于企业管理尤其是现代服务企业管理从业者，也可作为管理学、工商管理类、旅游管理与酒店管理等相关学科专业师生教学与教辅资料。

图书在版编目（CIP）数据

服务设计与品牌忠诚度研究 / 唐伟著 . —北京：化学工业出版社，2023.9
ISBN 978-7-122-44149-2

Ⅰ.①服… Ⅱ.①唐… Ⅲ.①商业服务-服务模式-研究 Ⅳ.①F719

中国国家版本馆 CIP 数据核字（2023）第 173489 号

责任编辑：陈　喆
责任校对：王　静　　　　　　　　装帧设计：王晓宇

出版发行：化学工业出版社
　　　　　（北京市东城区青年湖南街13号　邮政编码100011）
印　　装：北京建宏印刷有限公司
710mm×1000mm　1/16　印张11¼　字数252千字
2023年9月北京第1版第1次印刷

购书咨询：010-64518888　　　售后服务：010-64518899
网　　址：http://www.cip.com.cn
凡购买本书，如有缺损质量问题，本社销售中心负责调换。

定　　价：128.00元　　　　　　　　　　　　版权所有　违者必究

前言 PREFACE

本书以广东省内四家喜来登度假酒店的顾客作为研究对象,基于消费者利益相关理论、价值共创理论与品牌关系理论,以服务接触为切入点,引入顾客体验价值与品牌偏好作为中介变量,研究品牌忠诚,并探讨服务接触、顾客体验价值、品牌偏好与品牌忠诚之间的关系。

本书采用Smart-PLS 3.2.8测试与验证四个变量之间的关系:①服务接触对顾客体验价值、品牌偏好与品牌忠诚有正向直接影响;②顾客体验价值与品牌偏好对品牌忠诚有正向直接影响,顾客体验价值对品牌偏好有正向直接影响;③服务接触通过顾客体验价值与品牌偏好间接影响品牌忠诚,服务接触通过顾客体验价值间接影响品牌偏好;④服务接触与顾客体验价值影响的差异性。

首先,通过文献回顾批判性地探讨了已有研究中的不足,吸取了消费者利益相关理论、价值共创理论与品牌关系理论内容,构建了本研究的理论模型。其次,对惠州白鹭湖雅居乐喜来登度假酒店与惠州金海湾喜来登度假酒店采用便利抽样的方法,收集了100份问卷进行预调研,通过预调研量表得到净化,量表质量得到保证。最后,2019年9—11月采用便利抽样方法,对惠州白鹭湖雅居乐喜来登度假酒店、清远狮子湖喜来登度假酒店、深圳大梅沙京基喜来登度假酒店与湛江民大喜来登度假酒店顾客进行调研,共收集了365份有效问卷,并利用SPSS 23.0和Smart-PLS 3.2.8对所构建的结构模型进行了数据分析。

结构模型数据分析结果表明:①服务接触会正向直接影响顾客体验价值,但是它对品牌偏好与品牌忠诚没有显著影响关系。②顾客体验价值与品牌偏好两者都对品牌忠诚产生正向直接影响,而顾客体验价值对品牌偏好产生正向直接影响。③顾客体验价值在服务接触与品牌忠诚之间没有中介作用,但是顾客体验价值在服务接触与品牌偏好之间扮演着完全中介作用,品牌偏好在服务接触与品牌忠诚之间扮演着完全中介作用;在此基础上揭示出品牌忠诚形成的两条路径,即服务接触—品牌偏好—品牌忠诚与服务接触—顾客体验价值—品牌偏好—品牌忠诚。④从影响程度的角度分析的结果显示:服务接触中员工与顾客的服务接触对顾客体验价值影响程度最高(β值为 0.547);价格价值对品牌偏好的影响程度最高(β值为 0.325);价格价值对品牌忠诚的影响程度最高(β值为 0.285)。

本书厘清了品牌忠诚形成路径与关系,更深层次地挖掘了服务接触、顾客体验价值、品牌偏好与品牌忠诚之间的关系,在此基础上构建了多种路径下品牌忠诚的形成机制,丰富了消费者利益理论、品牌关系理论与价值共创理论。

本书揭示了服务接触、顾客体验价值、品牌偏好三种影响因素对客户品牌忠诚度培育的路径和方向,有利于酒店通过提升服务接触的质量,强化酒店服务质量,培育顾客品牌忠诚度,以达到提升酒店竞争力的目的。本书研究结论对现代服务业尤其是高星级酒店管理实践具有启示作用。

著　者

目录

第1章 绪论　001
1.1 服务设计与品牌忠诚度研究背景　002
1.1.1 旅游行业波动性持续发展，品牌培育得到行业重视　002
1.1.2 服务设计与品牌忠诚度研究理论背景　004
1.1.3 服务设计与品牌忠诚度研究不足　005
1.2 服务设计与品牌忠诚度研究问题的提出　006
1.3 服务设计与品牌忠诚度研究目标和目的　006
1.3.1 服务设计与品牌忠诚度研究目标　006
1.3.2 服务设计与品牌忠诚度研究目的　007
1.4 服务设计与品牌忠诚度研究意义　007
1.4.1 服务设计与品牌忠诚度研究实践意义　007
1.4.2 服务设计与品牌忠诚度研究理论意义　008
1.5 服务设计与品牌忠诚度研究内容与技术路线　008
1.5.1 服务设计与品牌忠诚度研究内容　008
1.5.2 服务设计与品牌忠诚度技术路线　010
1.6 服务设计与品牌忠诚度研究方法　011
1.7 本章小结　012

第2章 研究理论与文献综述　013
2.1 服务设计与品牌忠诚度研究相关理论　014
2.1.1 消费者利益理论　014

         2.1.2 品牌关系理论   015
         2.1.3 价值共创理论   016
   2.2 服务设计与品牌忠诚度研究文献综述   016
         2.2.1 服务接触研究综述   016
         2.2.2 顾客体验价值研究综述   030
         2.2.3 品牌偏好研究综述   043
         2.2.4 品牌忠诚研究综述   052
   2.3 本章小结   063

第3章 研究假设与研究模型   065
   3.1 各变量的关系探讨与研究假设   066
         3.1.1 服务接触–顾客体验价值的关系与研究假设   066
         3.1.2 服务接触–品牌忠诚关系与研究假设   066
         3.1.3 顾客体验价值–品牌忠诚关系与研究假设   067
         3.1.4 服务接触–品牌偏好关系与研究假设   067
         3.1.5 品牌偏好–品牌忠诚关系与研究假设   068
         3.1.6 顾客体验价值–品牌偏好关系与研究假设   069
         3.1.7 顾客体验价值与品牌偏好的中介作用   069
   3.2 研究模型构建   070
   3.3 本章小结   071

第4章 研究设计与预测试   072
   4.1 行业品牌选择及研究对象   073
         4.1.1 行业品牌选择   073
         4.1.2 研究对象   073
   4.2 问卷设计原则与流程   076
         4.2.1 问卷设计原则   076
         4.2.2 问卷设计流程   077
   4.3 初始问卷   078
         4.3.1 量表选择   078

    4.3.2　小规模访谈及初始问卷设计　　082
  4.4　预调研　　087
    4.4.1　样本描述　　087
    4.4.2　项目分析　　087
    4.4.3　信度检验　　092
  4.5　正式调研问卷　　095
  4.6　本章小结　　096

第5章　问卷调查与数据分析　　097

  5.1　数据调研与样本描述性分析　　098
    5.1.1　数据调研　　098
    5.1.2　样本的描述性统计　　099
    5.1.3　样本人口统计学特征　　101
  5.2　测量模型　　102
    5.2.1　信度分析　　102
    5.2.2　效度分析　　104
    5.2.3　共线性检测　　105
  5.3　结构模型检验　　105
    5.3.1　R Square 与 Q Square　　105
    5.3.2　路径分析　　106
    5.3.3　中介分析　　107
  5.4　方差分析　　108
    5.4.1　不同年龄顾客在各变量上的差异性　　109
    5.4.2　不同文化程度在各变量上的差异性　　109
    5.4.3　每年入住该品牌次数在各变量上的差异性　　109
    5.4.4　职业在各变量上的差异性　　110
    5.4.5　月收入在各变量上的差异性　　110
    5.4.6　性别在各变量上的差异性分析　　110
    5.4.7　会员情况在各变量上的差异性分析　　111
  5.5　多元回归分析　　111
    5.5.1　服务接触与顾客体验价值的多元回归分析　　111

5.5.2	顾客体验价值与品牌忠诚的多元回归分析	112
5.5.3	顾客体验价值与品牌偏好的多元回归分析	112

第 6 章　研究结果与研究建议　　113

6.1　服务设计与品牌忠诚度研究结果讨论　　114
  6.1.1　服务接触对顾客体验价值的影响　　114
  6.1.2　服务接触对品牌忠诚的影响　　116
  6.1.3　顾客体验价值对品牌忠诚的影响　　117
  6.1.4　服务接触对品牌偏好的影响　　118
  6.1.5　品牌偏好对品牌忠诚的影响　　120
  6.1.6　顾客体验价值对品牌偏好的影响　　121
  6.1.7　顾客体验价值的中介效应　　122
  6.1.8　品牌偏好的中介效应　　123
  6.1.9　方差分析　　124
  6.1.10　多元回归分析　　125

6.2　服务设计与品牌忠诚度研究结论　　126

6.3　服务设计与品牌忠诚度研究目的实现　　131

6.4　服务设计与品牌忠诚度研究理论贡献与实践启示　　132
  6.4.1　服务设计与品牌忠诚度研究理论贡献　　132
  6.4.2　服务设计与品牌忠诚度研究实践启示　　132

6.5　服务设计与品牌忠诚度研究局限与未来研究方向　　134

附录　　136

附录1　本研究问卷　　137
附录2　方差分析详细结果　　142

参考文献　　151

第 1 章

绪论

1.1　服务设计与品牌忠诚度研究背景

1.1.1　旅游行业波动性持续发展，品牌培育得到行业重视

（1）全球旅游持续复苏，品牌跨界层出不穷

《2022年世界旅游经济趋势报告》与《2023年全球旅游业晴雨表》报告显示，全球旅游人次与旅游总收入在2006—2019年得到了持续增长（见图1-1），2022年末开始全球旅游人数与收入呈现持续上升的趋势，旅游产业除了受全球新冠疫情影响与经济波动的影响，2009年、2015年、2020—2022年呈现短暂下降的局面，整体上都是正向增长（见图1-1）。兰博基尼、阿玛尼、范思哲等奢华品牌基于品牌发展的需要，先后将业务扩展到精品酒店领域，通过跨界来提升顾客的品牌忠诚得到了越来越多的关注。

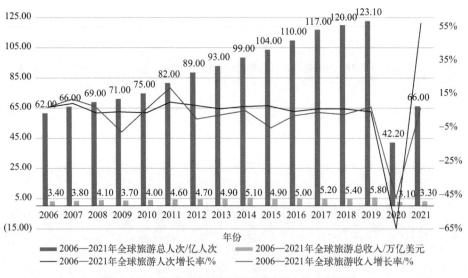

图1-1　2006—2021年全球旅游总人次与总收入

（2）旅游收入增长潜力巨大，市场升级调整

中国旅游研究院《2022中国旅游业发展报告》与《中国国内旅游发展年度报告（2022—2023）》显示，基于疫情防控进入"乙类乙管"常态化防控阶段，

结合国内供给侧改革，加上居民消费升级等其他因素的驱动，国内的旅游业快速崛起并得到了迅速发展，旅游人次与收入（见图1-2）实现了快速增加，旅游逐渐变成了国内经济增长的新动力。旅游人数及旅游收入的增长加剧了行业的竞争压力，并由此带来了市场结构与供给侧的变化。中国旅游市场结构正在经历休闲度假比重提升、假日市场增长较快以及市场细分加剧的升级调整；其中，旅游市场的升级调整需要服务企业更加关注顾客的体验、黏性与忠诚，服务企业需要为顾客提供有质量、有温度的差异化服务。

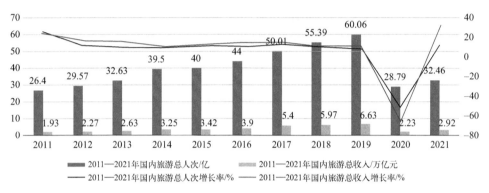

图1-2　2006—2021年国内旅游总人次与总收入

（3）高星级酒店竞争激烈，品牌忠诚培育得到更多重视

随着国内经济与旅游的快速发展，国际酒店集团在大中华地区得到了迅猛发展，从地域、品牌、市场与利润角度上来看，中国高星级饭店市场已经被越来越多的国外知名饭店品牌占领。截止到2019年4月1日，大中华地区已经开业的国际酒店数量已经超过2600家，筹备开业数量超过1600家，见表1-1，国内高星级饭店之间的竞争已经呈现激烈状态，顾客的选择面更加广泛，顾客品牌忠诚的培育不再容易。迈点网（2019）研究显示，69%的旅游与酒店行业对顾客品牌忠诚的驱动与形成机制并不清楚，缺乏一个完整的框架来衡量整体业务绩效中的品牌忠诚，在收入超过3亿美元的旅行社中，大约64%不清楚旅客忠诚的形成机制；在品牌忠诚的培育过程中，近一半的组织没能对顾客数据有充分的重视与整合，这导致61%的顾客对企业的品牌忠诚培育策略无感。只有更加重视顾客品牌忠诚的培育，充分掌握顾客的行为模式，提升顾客体验，才能有效留住顾客。基于此，越来越多的酒店集团鼓励顾客在服务接触中直接使用酒店官方渠道进行产品与服务的预定，一方面可以让酒店掌握顾客偏好相关的数据信息，降低营销成本，提升营销的针对性与效率；另一方

面还可以为其提供更多个性化服务，强化体验与品牌忠诚。随着恒大、雅高、四季、洲际等集团先后更新酒店LOGO，万豪旗下的喜来登在2019年3月也进行了品牌LOGO更新，顾客品牌识别与品牌忠诚培养得到了国内外酒店集团的高度重视。

表1-1 部分国际酒店集团大中华地区开业及筹备酒店数量

序号	酒店名称	开业数量	筹备数量	代表品牌
1	万豪	448	300	丽思卡尔顿、瑞吉、威斯汀、万豪、喜来登等
2	洲际	600	1000	六善、洲际、丽晶、英迪格、皇冠假日等
3	希尔顿	450	550	华尔道夫、康莱德、希尔顿、希尔顿逸林等
4	温德姆	1400	400	温德姆至尊、温德姆、华美达、豪生、速8等
5	雅高	500	350	莱佛士、索菲特传奇、费尔蒙、索菲特等
6	凯悦	109	66	柏悦、安达仕、君悦、凯悦、凯悦嘉轩等
7	香格里拉	62	5	香格里拉、嘉里、盛贸、今旅Hotel Jen等
8	瑰丽	15	8	瑰丽、新世界、芊丽等
9	四季	8	10	四季酒店
10	朗廷	18	3	朗廷、朗豪

1.1.2 服务设计与品牌忠诚度研究理论背景

顾客个体与组织的服务接触及其行为，是服务品牌化的核心组成部分。经济的蓬勃发展催生了19世纪80年代学界开始的服务品牌化，经过持续多年的发展，服务品牌领域已经获得了丰硕成效。Sherman, Mathur and Smith（1997）研究指出有形商品的品牌化得到了学者更多关注，导致服务品牌化的关注度不够。Brandwerks Group公司在2007年的研究报告中指出随着顾客对服务体验的重视，银行、酒店等各领域开始积极关注品牌管理。Turley and Milliman（2000）发现服务管理系统中，品牌文化与信息应该通过有效的方式传递给顾客，形成品牌忠诚，这样才能让企业形成独特的对比优势。通过近四十年的服务品牌管理研究，Mattila, Wirtz（2001）、Kim Jean Lee, Yu（2004）、Carpenter（2008）、Yuan, Wu（2008）、Darley, Blankson, Luethge（2010）与Joshi, Waghela, Patel（2015）都认同，品牌的发展需要员工与企业共同创造的高水平服务质量与良好的服务环境，通过一系列转化才能转变为顾客品牌忠诚，最终形成企业的品牌竞争力。因此，关注顾客品牌忠诚的形成路径是很重要的。

1.1.3 服务设计与品牌忠诚度研究不足

通过查阅国内外的文献资料，可以发现，现有研究中存在对服务品牌化、品牌忠诚形成路径以及服务接触与顾客体验价值的差异性影响研究不足的问题，这些问题限制了对品牌忠诚形成机制及服务接触—顾客体验价值—品牌偏好—品牌忠诚效果的理解。这不利于正确看待服务品牌管理领域存在的众多现实与理论问题，主要体现在三点，具体内容如下：

① 服务品牌化关注不够。Sherman, Mathur, Smith（1997）研究指出有形商品的品牌化得到了学者更多关注，但对服务品牌化的关注度不够。Brandwerks Group 公司在 2007 年的研究报告中指出随着顾客对服务体验的关注与重视，银行、酒店等现代服务业各领域开始积极关注品牌管理。Turley, Milliman（2000）发现服务管理系统中，品牌文化与信息应该通过有效的方式传递给顾客，形成品牌忠诚，这样才能让企业形成独特的对比优势。但在服务品牌管理过程中，酒店如何对有限资源进行分配与营销，探索品牌价值如何传递给顾客，让顾客感受到优质的服务并对酒店品牌产生偏爱，进而转化为酒店品牌的独特竞争力，这需要得到学界的关注与研究（Plumeyer, Kottemann, Böger, Decker, 2017; Cai, Hobson, 2004; Choi, Chu, 2001）。

② 品牌忠诚的形成路径研究较为缺乏。目前学术界对品牌忠诚的界定主要集中在行为、态度、情感与综合四个视角。行为视角忠诚简单地将连续三次的持续购买行为作为认定的标准，忽略了客观环境的约束与限制对产生持续多次购买行为的影响（Hur, 2011; 陈小静, 2018）。实际上这种多次重复购买行为有可能是顾客的虚假品牌忠诚，这种观点难以揭示顾客品牌忠诚的产生、发展与变化（Kuo, Feng, 2013, Kim, 2008）。综合论的观点认为顾客反复多次购买与较高的品牌偏好结合，才是真正意义上的品牌忠诚（陈静, 2018; 朱玲, 2018; 董学兵, 2018）。现有研究主要集中在对于顾客品牌忠诚的概念界定、测量与影响因素上，对如何形成稳定的品牌忠诚关系缺乏系统深入的研究。

③ 服务接触与顾客体验价值的差异性影响研究不足。学者研究发现，服务接触会影响顾客体验价值（Mondada, 2018; Huang, 2018; Zhao, Yan, Keh, 2018），但这种影响是否存在差异性？顾客体验价值会影响品牌偏好与品牌忠诚（向坚持, 2017; Kim, 2018; 刘圣文, 2018; 马鸿飞, 2008, 王鹏, 2014; Wang, Wu, Xie, Li, 2019），但顾客体验价值对品牌偏好与品牌忠诚的影响是否存在差异性？研究这种影响的差异性，方便酒店进行合理资源分配来提升酒店顾客体验质量与塑造品牌特色（Plumeyer 等, 2017; Cai, Hobson, 2004; Choi, Chu,

2001），这需要后续研究进行关注。

1.2 服务设计与品牌忠诚度研究问题的提出

基于现实背景、理论背景与学界关注点的不足，提炼文章的研究问题，通过这些研究问题的解决，可以验证服务接触、体验价值、品牌偏好、品牌忠诚的关系及探索品牌忠诚的形成路径，本研究重点关注了如下问题：

① 服务接触是否会对顾客体验价值、品牌偏好与品牌忠诚产生影响？服务接触影响的差异性是否存在？

② 顾客体验价值与品牌偏好是否会影响品牌忠诚？顾客体验价值是否会影响品牌偏好？顾客体验价值影响的差异性是否存在？

③ 品牌忠诚路径是如何形成的？通过对国内外现有文献的整合与梳理，可以发现顾客与品牌关系、产品与品牌属性、营销策略及环境是影响品牌忠诚的三个主要因素。在"质量—价值—忠诚链"的成熟链条上，提出了忠诚的形成路径：服务接触—体验价值—品牌忠诚；服务接触—品牌偏好—顾客忠诚；服务接触—体验价值—品牌偏好—品牌忠诚，通过数据分析探索验证品牌忠诚的形成路径。

④ 顾客体验价值在服务接触与品牌忠诚关系里是否存在中介效应？顾客体验价值在服务接触与品牌偏好关系里是否存在中介效应？品牌偏好在服务接触与品牌忠诚关联里是否存在中介效应？

1.3 服务设计与品牌忠诚度研究目标和目的

1.3.1 服务设计与品牌忠诚度研究目标

通过对国际高星级酒店度假客人的调研，验证服务接触与顾客体验价值、酒店品牌偏好与品牌忠诚度之间的关系；分析品牌忠诚的形成路径。根据现有研究成果的梳理，探索忠诚的形成路径：服务接触—体验价值—品牌忠诚；服务接触—品牌偏好—品牌忠诚；服务接触—体验价值—品牌偏好—品牌忠诚，包括验证体验价值与品牌偏好在品牌忠诚形成路径中的中介效应。

1.3.2　服务设计与品牌忠诚度研究目的

本书主要讨论了服务接触、体验价值、品牌偏好与品牌忠诚的关联，基于背景、现有不足与研究问题，研究目的主要有以下四个：

① 验证服务接触与顾客体验价值、品牌偏好与品牌忠诚之间的关系，验证服务接触影响的差异性，在此基础上形成了本研究的三个假设：H1、H2与H4。

② 验证顾客体验价值与品牌偏好对品牌忠诚的影响；验证顾客体验价值对品牌偏好的影响，验证顾客体验价值影响的差异性，在此基础上形成了本研究的三个假设：H3、H5与H6。

③ 探索品牌忠诚路径。通过对国内外现有文献的整合与梳理，可以发现顾客与品牌关系、产品与品牌属性、营销策略及环境是影响品牌忠诚的三个主要因素。在"质量—价值—忠诚链"的成熟链条上，提出了忠诚的形成路径：服务接触—体验价值—品牌忠诚；服务接触—品牌偏好—顾客忠诚；服务接触—体验价值—品牌偏好—品牌忠诚，通过数据分析探索验证品牌忠诚的形成路径。

④ 探索验证顾客体验价值与品牌偏好的中介效应：探索验证顾客体验价值在服务接触与品牌忠诚关系里的中介效应；顾客体验价值在服务接触与品牌偏好关系里的中介效应；品牌偏好在服务接触与品牌忠诚关系里的中介效应，在此基础上形成了本研究的三个假设：H7、H8与H9。

1.4　服务设计与品牌忠诚度研究意义

本书对服务接触、体验价值、品牌偏好与品牌忠诚进行了详细的文献梳理与整合，并厘清了四个变量之间存在的各种关系，本研究有较好的实践意义与理论意义。

1.4.1　服务设计与品牌忠诚度研究实践意义

① 强化了企业品牌忠诚培育的针对性与效率。对服务接触的各种构成要素进行了详细的梳理与整合，加入了现代服务业背景下的新要素，有利于企业在构建顾客体验与塑造品牌偏好之前做好各种软硬件的准备与应对通过顾客品牌忠诚的培育。同时，也可以有效强化顾客与企业的深层次关联，增强了服务企业培育品牌忠诚的针对性与效率。

② 优化品牌形象与声誉，强化品牌忠诚，提升竞争力。通过对品牌忠诚形成的路径的梳理（服务接触—体验价值—品牌忠诚；服务接触—品牌偏好—品牌忠诚；服务接触—体验价值—品牌偏好—品牌忠诚），可以强化服务企业对顾客品牌行为的了解，有助于服务企业与顾客品牌关系塑造。服务企业可以针对不同的品牌忠诚形成路径，结合自身企业实际，进行有针对性的准备与应对，从长远看可以优化服务企业的品牌形象与品牌声誉，强化顾客的品牌忠诚，提升服务企业竞争力与长远的发展能力。

③ 为现代服务企业管理提供参考与借鉴。研究中除了关注服务品牌管理中顾客的主导作用，还关注了一线员工与其他顾客的角色与影响。这对服务企业是一个很好的引导，良好的顾客体验与品牌忠诚塑造，应该要构建以人为本与企业环境协调发展的良好氛围，提升员工的实践与沟通协调应急能力，引导规范其他顾客行为与提升企业物理环境相结合。这在一定程度上可以为服务业的经营给予参考的价值。

1.4.2 服务设计与品牌忠诚度研究理论意义

① 厘清品牌忠诚形成路径与关系。在现有服务接触与品牌忠诚机制的基础上，探索验证体验价值与品牌偏好作为中介的角色，一方面探索验证了体验价值在服务接触与品牌偏好及品牌忠诚关系中的中介，品牌偏好在服务接触与品牌忠诚关系中的中介。更深层次地挖掘并分析了服务接触、体验价值、品牌偏好与品牌忠诚这四者之间的内在关联，并厘清了多种路径下品牌忠诚的形成路径。

② 整合了服务接触、体验价值、品牌偏好与忠诚研究成果。本书基于文献梳理与整合，对服务接触、顾客体验价值、品牌偏好与品牌忠诚的四个变量的概念、前因变量与后果效应、维度与测量三个方面的观点进行了梳理与整合，将零散的观点进行梳理整合，为后续研究全面深入系统研究提供了借鉴与参考。

1.5 服务设计与品牌忠诚度研究内容与技术路线

1.5.1 服务设计与品牌忠诚度研究内容

本书的研究内容安排如下：

第1章，绪论。首先阐述了本书实践背景与理论背景，然后发现现有的国内外的文献资料中与本书相关的理论不足，进一步提出问题，对本书研究的目标进行详细描述及阐述本书的实践意义与理论意义，最后具体说明了各章节的内容安排、技术路线、研究方法。本章厘清了全书的研究思路，同时阐明了本研究的着眼点，是后续研究章节能有序推进的铺垫。

第2章，研究理论与文献综述。针对第1章所提出的研究问题，并在解决这些研究问题的过程中，本章所涉及的相关理论与四个研究变量进行了系统的整合、梳理与评价。其中，这一章所涉及的理论具体包括消费者利益理论、品牌关系理论与价值共创理论，四个研究变量的梳理包括服务接触的概念、维度与测量、前因变量与后果效应；体验价值的概念、维度与测量、前因变量与后果效应；品牌偏好的概念、维度与测量、前因变量与后果效应；品牌忠诚的概念、维度与测量、前因变量与后果效应。本章所涉及的理论及四个变量的文献梳理，为后续章节奠定了文献支撑。

第3章，研究假设与研究模型。对本书涉及的四个变量之间的关系进行梳理与整合，是研究假设与研究模型建立的基础。本章先后梳理了服务接触与体验价值、体验价值与品牌忠诚、服务接触与品牌忠诚、服务接触与品牌偏好、品牌偏好与品牌忠诚、体验价值与品牌偏好的关系。基于上述背景，提出本书的研究假设，并在第2章的相关理论与文献综述的整合与梳理的基础上，在理论的铺垫下，搭建了本书的模型。

第4章，研究设计与预测试。首先选取研究对象，并说明研究物件的选取理由，接着详细阐述了问卷设计这部分，包括一般原则与流程，同时结合现有中外研究成果中的成熟量表与小规模访谈结果，设计出了本研究的初始问卷。为进一步修正与完善初始问卷，让初始问卷更科学合理地切合本研究，需要对初始问卷进行预测试，包括预调研数据的样本描述、信度与效度验证。通过预调研的方式以及收集到预调研的数据，对初始问卷进行了修正并产生了本研究的最终问卷。本章的研究设计与预测试为后续大规模的数据收集与分析奠定了基础。

第5章，问卷调查与数据分析。在进行大规模问卷发放时，具体说明了样本的选择依据、问卷的数据收集的过程与原则。基于样本数据的收集，对样本进行了描述性统计，对数据分析的思路与方法进行了阐述。基于正式问卷收集到的样本，对其人口统计学特征、信度与效度进行了分析，通过数据的共线性分析、路径分析、中介分析（Bootstrap法）、方差与回归分析等，对研究提出的假设进行了验证。本章所进行的问卷搜集与数据分析，是后续进行结果与讨论的基础。

第6章，研究结果与研究建议。本章针对研究假设检验的结果，有条理性地进行了归纳汇总，并对假设检验的汇总结果进行了详细具体的解释与说明。同时，将这些结果与其他类似的研究成果进行对比，对存在的差异观点进行详细的剖析。本章阐述了本书的主要观点，进一步阐明了本研究对服务与品牌管理等领域的学术贡献；同时，从实践层面说明本研究对现代服务业特别是高星级度假饭店的启示。基于本研究数据与结论，提出了本研究的局限，思考与展望了后续研究。

1.5.2 服务设计与品牌忠诚度技术路线

为了完成上述研究内容，本研究遵循图1-3所示的技术路线图。

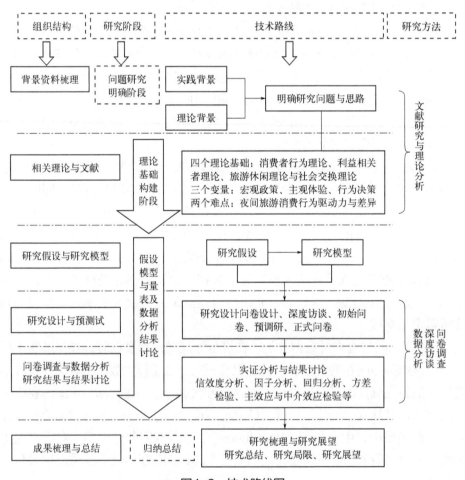

图1-3 技术路线图

1.6　服务设计与品牌忠诚度研究方法

本书采用定性与定量研究联合的方式进行实证分析,主要运用以下四个方法。

（1）文献研究与理论分析法

通过电子资料数据库（主要包括EBSCO、JSTOR、ELSEVIER、WEB OF SCIENCE、中国知网、华谊在线图书馆）与正式出版刊物,以及网络等管道找到的与本研究相关的学术报告、行业报告、年鉴信息等资料,对本研究涉及的三个理论基础-消费者利益理论、品牌关系理论与价值共创理论,四个研究变量-服务接触、体验价值、品牌偏好与品牌忠诚的概念,维度与测量以及前因变量与后果效应进行了梳理与分析。基于现有研究成果的梳理与整合,对四个变量之间的关系进行分析,由此建立研究假设,在研究假设的基础上建立研究模型。同时对变量量表进行了梳理,基于现有学者成果创建了本书的初始量表。基于已有文献资料的研究与分析,可以找到研究不足与理论缺口,就此发现研究问题,提高研究的针对性,进而来解决研究的问题。

（2）问卷调查

问卷调查是在实证研究领域中被专家学者认可与运用很广泛的数据收集方法之一。它具有许多的优点,特别是其具有可行性高、成本低、用时短与操作简单等特征,被人们广泛使用。为了确保量表的严谨科学,本书严格遵循问卷调查的一般步骤与原则。第一,通过对现有研究成果的梳理,找到适合本研究变量测量的成熟问卷,并结合小规模访谈,设计出适合本研究要求的初始问卷。第二,对初始问卷进行小规模的预测试,及时发现初始问卷存在的问题并调整完善初始问卷,形成正式问卷。第三,进行大规模问卷发放,在问卷首页卷首语部分标注问卷序号与联系邮箱,并对问卷发放过程进行严格的把控,确保问卷发放过程的规范性以确保问卷回收的质量,这是后续分析的前提。

（3）专家访谈

为了让问卷的测量量表能更加准确测量变量,就卷首语设计、问卷布局、题项表达准确性、题项测量的精确性、暗示性或指示性提示是否存在等几个核心问题对学界和行业专家进行了小规模访谈。小规模访谈对象包括两位教授

（分别为服务与品牌管理、服务质量与顾客关系管理方向）、两位博士研究生（分别为服务质量管理、消费者行为学方向）、两位酒店顾客（一位是酒店金卡常旅客，另一位是普通客人）、两位酒店管理者（一位是酒店前厅部经理，另一位是酒店餐饮副总监）、两位酒店基层员工（分别是前厅的礼宾和餐饮部员工）。基于专家访谈的结果对问卷进行修正与完善，形成研究的初始问卷，为后续研究的有序推进做好了铺垫。

（4）数据分析法

为了更好地实现研究目标与目的，本研究将使用多种数据分析方法对收集到的数据进行统计分析，检验研究假设与实证研究模型存在的合理性。具体地说，本研究将采用Smart-PLS 3.2.8与SPSS 23.0软件对数据进行统计分析，包括描述性统计分析、信度分析、收敛效度与区别效度、共线性分析、路径分析、中介分析（Bootstrap法）、方差与回归分析等进行假设与中介检验等数据分析，由此来检验问卷设计的合理性以及研究模型与研究假设。

1.7 本章小结

本章对现代服务业背景下服务品牌管理的实践背景与理论背景分析指出了现有研究中的理论不足，提出了本书的研究问题，描述了本书的研究问题、目标与目的，论述了本书的理论意义与实践意义，并对后续的内容与技术路线进行了说明，最后介绍了本研究拟使用的多种研究方法。本章是研究的开篇，也是后续章节的前奏与铺垫。

第2章
研究理论与文献综述

本章主要围绕本研究相关的理论基础（消费者利益理论、品牌关系理论与价值共创理论）与四个变量（即服务接触、体验价值、品牌偏好与品牌忠诚）展开文献梳理。本章主要梳理了服务接触、体验价值、品牌偏好与品牌忠诚四个变量的概念、维度与测量、前因变量与后果效应，包括服务接触的概念、维度和测量、前因变量与后果效应；顾客体验价值的概念、维度和测量，前因变量与后果效应；品牌偏好的概念、维度与测量、前因变量与后果效应；品牌忠诚的概念、维度与测量、前因变量与后果效应。

2.1　服务设计与品牌忠诚度研究相关理论

2.1.1　消费者利益理论

消费者利益理论强调顾客与品牌建立并维持长期稳定与持续的战略关系，顾客可以从这种战略关系中获取足够的利益以满足自身的需要，基于此产生了顾客感知的关系利益（郑琦，2000）。Gruen, Hofstetter（2010）研究发现了顾客品牌关系中对顾客至关重要的获得社会支持、获得经济利益与获得情感满足等多种利益。沈璐、庄贵军与姝曼（2016）认为顾客通过对品牌信息的获取与关注来提升品牌认知，以降低购买决策风险并降低交易成本，基于信息获取的基础上产生品牌联想与品牌情感关联，最后通过品牌的某些象征性意义与符号来获得社会与他人认可，因此，顾客的购买行为本质上受到顾客需求与动机的驱动，是客户与企业品牌建立起一定关联的主要心理动机。罗暖、李欣与张明立（2016）研究发现建立并维护顾客企业关系的重要性，信任、情感、身份象征性与自我表达，这四种关系利益有助于建立及维系顾客与企业品牌之间的良性发展。Patterson, Smith（2001）研究发现顾客对品牌的信任与情感对顾客忠诚有明显作用。许正良、古安伟与马欣欣（2012）认为顾客在购买产品与服务过程中，会感知到品牌的功能性、体验性与象征性。顾客的购买行为受到其需求动机的影响，从消费者行为学角度考虑，顾客需求分为解决基本需要、满足自我的需求、感官愉悦、享乐性的本我追求，通过消费体验达到自我提升、身份阶层认同和超我实现三种需求，这三种需求在层面上有一种递进与时间上的先后关系（赵黎明，张海波，孙健慧，2015）。

基于消费者利益理论，本章围绕顾客消费过程中的服务接触对其体验价值、品牌偏好与品牌忠诚之间的影响程度进行探究。服务接触主要发生在顾客与企业、顾客与其他顾客之间，这两大类的交流互动所建立的基础是顾客对服务与产品过程中的体验与价值，基于体验价值，顾客会对产品与服务所代表的品牌产生认知，如果整个服务体验过程是愉悦的，那么顾客容易产生对品牌的特殊喜爱情感与购买承诺，多次重复购买产品并向周围人推荐，形成品牌忠诚，从长远来看，这有助于企业的长期经营发展与壮大。在顾客与企业的互动过程中，企业如果能基于顾客体验价值与消费利益最大化的考虑进行相关产品与服务的升级改造，那么企业在关注消费者利益的同时，才能最大限度满足消费者的需求，进而取得消费者的信任，从而使企业得到更长远发展。基于此，消费者利益理论是本研究的理论基础之一。

2.1.2 品牌关系理论

1990年之前，在品牌学说界中，品牌个性论与品牌形象论处于核心地位，随着人们逐渐重视"关系营销"理论与品牌理论之间的融合发展，品牌关系理论由此应时而产生。所谓的品牌关系是消费者与企业品牌、企业产品、企业本身以及其他消费者，通过认知、情感与行为意向表现出来的互动关系（刘倩楠，2017；Fournier，1998）。Keller（2001）在品牌关系理论的基础上，进一步说明了企业品牌创建的四步骤：①品牌认知基础上的品牌识别；②基于功能性及社会性熟悉的品牌价值；③基于顾客品牌使用体验感受基础上的品牌情感；④基于消费者对企业品牌稳定积极与持续联系的品牌忠诚。周志民与卢泰宏（2004）有逻辑地剖析了品牌关系要素，还划分出了基于消费者认知、情感与行为之间的品牌关系三维结构。许正良、古安伟与马欣欣（2012）在品牌关系三维结构的基础上，加入了顾客价值感知因素，进一步解释在顾客价值的基础上，由认知（即顾客感知产品价值）、情感（即顾客品牌情感利益）和行为（即顾客品牌忠诚）组成的品牌关系结构，这体现了顾客有效联结了企业产品的品牌，也构成了消费者对品牌关系的认知基础。在品牌关系理论视角下，品牌为顾客创造的象征性利益能够有效激发顾客对品牌的情感联系，搭建属于顾客与品牌之间的桥梁与纽带，顾客对品牌积极持续的情感有助于顾客达到品牌信任，产生顾客在行为与态度上的忠诚，加速企业品牌资产的积累（Homburg, Hoyer, Stock, 2007）。

本章关注了服务接触、体验价值、品牌偏好与品牌忠诚，基于品牌关系理论而形成了由认知—感情—忠诚构成的顾客品牌忠诚驱动路径。通过顾客与酒店、其他顾客的接触，形成顾客的体验价值，在酒店产品与服务愉悦体验下，顾客会形成对酒店品牌的明显情感倾向，产生持续购买与推荐行为，从而形成品牌忠诚，最终有利于企业长远可持续发展。

2.1.3 价值共创理论

价值共创理论是基于战略管理、营销管理与组织行为学等多领域复合产生的结果，包含了新产品与服务设计开发、价值网络关系以及服务系统，价值共创理论的研究视角经历了从顾客体验到服务生态系统的过渡（简兆权，令狐克睿，李雷，2016）。顾客与企业的角色在技术进步与管理实践的不断持续交互促进下发生了转换，这种转换是整合资源与创造价值的新方式。基于上述背景，价值共创被认为是企业通过服务交换与资源整合实现物质上新价值的联合、协作、同步与伴随式的过程（Vargo, Lusch, 2016）。Chandler, Vargo（2011）认为基于新颖的服务主导逻辑，产品价值不再是单独由企业独家创造出来的，而是由消费者、生产者与供应商之间不断协同互动共同创造出来的，表现在顾客可以影响企业产品设计、生产与销售的全流程，供应商通过直接互动协助，促进共创价值的产生。因此，服务彼此互换与资源整理合并被认为是创造产品价值的重要方式与主要途径。顾客、企业与供应商是社会与经济行为的主体，三者之间的有效互动与资源整合可以创造更多的共同价值（Vargo, Lusch, 2010）。基于人、技术、制度、资源以及价值主张的互动与整合带来了新的商业模式，在制造业服务进程转变过程中，现代服务业见证了价值创造逻辑从制造业产品主导到服务主导逻辑的演变，服务融合扮演了价值交换的基础与纽带角色（令狐克睿，简兆权，2017）。基于物理环境中的服务接触，这一整个环节中的两个非常重要的方面是顾客之间的接触与员工、顾客之间的接触，这对顾客体验价值、品牌偏好与品牌忠诚产生不同程度的影响。在顾客与顾客、员工与顾客的服务接触中，存在着三者的有机互动与资源整合，三者的互动成为服务接触价值创造的重要方式，再以顾客体验价值的大小与品牌偏好的指数来影响顾客品牌忠诚的程度。

2.2 服务设计与品牌忠诚度研究文献综述

2.2.1 服务接触研究综述

服务的特征是生产和消费同时进行的。对于现代服务业，消费者与服务型企业（包括服务人员与物理环境）之间的接触是无法避免的。

每一次消费中，服务企业以各种各样的方式来与顾客接触互动，使顾客感受服务组织提供服务型产品，同时，顾客在接受与消费服务组织提供各种各样的服务产品。因而，顾客在服务接触与互动交流过程中，获得了服务产品的整体感知与体验，从而完成服务体验全过程（Liu, Jang, 2009）。

（1）服务接触的概念

服务接触一词最早由Solomon于1985年在以"服务质量"为主题的研讨会上提出并作出解释（Solomon, Surprenant, Czepiel, Gutman, 1985），之后服务管理领域的各个专家学者便围绕服务接触展开了广泛的研究和讨论，经过三十多年的探讨，对于服务接触的内涵，服务管理领域依旧没能统一界定。专家学者关于服务接触的内涵界定，主要从三个方面来进行阐述。

① 狭义互动视角的服务接触　Solomon等（1985）在针对服务情境的探究时，第一次揭示服务接触的概念，阐述了服务接触是服务产品的提供者与接受者之间的一对一交互，同时消费者与员工的交互行为能够使顾客对服务产品的满意度产生巨大影响。Groth, Gutek, Douma（2001）提出消费者与服务人员彼此之间的一次交流互动的服务行为就是服务接触。因此，基于人际互动视角下，国内外学者已重点关注与服务接触的概念。Solomon等（1985）进一步阐述二元互动的概念，基于二元互动下的服务接触是指介于服务产品提供者与接受者彼此双方的双向动态交流互动的过程，见图2-1。

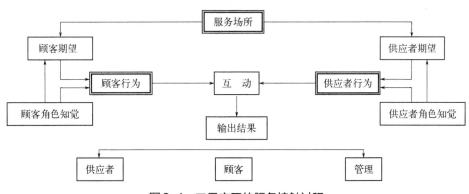

图2-1　二元交互的服务接触过程

Norman, Draper（1986）分析了顾客消费服务产品时，在服务提供者提供服务过程的这一段时间内，直接与顾客彼此之间的互动交流，而此时彼此互动的发生在关键时刻。随着研究的进一步发展，越来越多的学者坚持认为服务接触存在于面对面的人际互动中，这种互动不仅是消费者与服务提供者，还有物理环境之间的互动（Bitner, Booms, Tetreault, 1990; Pugh, 2001; Patterson, Mattila, 2008; Lin, Lin, 2011; Söderlund 等, 2014）。许多国内学者结合当下的具体研究现状，针对人际交互视角的服务接触概念进行了较为广泛的探究。倪亚蓓（2010）基于人际互动视角下，阐述了酒店服务接触的概念，认为酒店的服务接触是在酒店中，顾客与酒店员工之间的面对面接触交流互动。李东娟（2014）对酒店服务接触进行探索研究，不仅对人际交互视角的服务接触进行了范围上的完善，还认为酒店服务接触的内涵是在酒店消费中，客人与服务人员彼此间、顾客与其他顾客彼此间的交互行为，从而进一步揭示了其他客人的行为会很大程度上影响顾客对酒店服务质量的感知，进而明显影响顾客消费后对酒店整体评价与消费回头率。

② 广义交互视角的服务接触　越来越多的学者对服务接触进一步探索与研究，逐渐认识到，服务组织与消费者不只是限于空间上的服务现场彼此间的面对面地交互。Langeard（1981）首次将服务接触前台完整引入特定的服务交互系统的模型中，并且将其比作一个服务型剧场，其前台部分的服务不仅有观众与舞台表演者彼此间的接触，还包含与剧场实体环境及其他观众的接触。Shostack（1985）在研究过程中，具体解释了服务交互的概念，认为服务接触不仅包括顾客与服务企业员工彼此间的面对面交互，也包含了客户与企业所展现的硬件设施设备彼此间的交互以及企业员工在为客户服务全过程中各种有形与无形的产品，这些都会影响顾客与企业之间的服务质量评价的互动（Lockwood, 1994; Bitner, 1990）。Yoo, Arnold, Frankwick（2012）和 Kim, Lee（2012）等学者研究总结归纳了服务接触其实是指顾客和企业服务员工之间、物理环境中还包含顾客和其他顾客之间的接触，并能影响整个消费体验感知的互动交互。国内学者基于国内外专家学者的探究提出了服务接触的概念，王建玲、刘思峰与吴作民（2008）认为服务接触是指发生于服务企业人员为顾客提供服务的整个传递过程中，以人与人之间的互动为核心的各种互动交互，这包含了有形实体要素与无形服务要素的互动交互。王京传与李天元（2012）在研究旅游目的地公共基础服务构建时，将服务接触界定为旅游者与公共基础服务系统彼此间传递信息的动态交互的整个过程，不仅仅是指旅游者与服务人员间的互动交流，同时还有旅游者与设施设备、服务时所在的周边环境以及其他旅游者等所有可感知服务要素的接触。肖轶楠（2017）认为服务接触包括顾客与企业服务人员之间的人际互动、顾客与所在周围环境之间的接触以及顾客与自助设施设备之间的接触，其中顾客与企业服务人员的接触又分为面对面交流的接触与电话、网络为基础的远程交流接触，见图2-2。

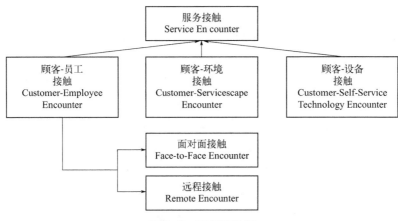

图2-2 服务接触图

综上所述,基于交互的视角,从狭义层面和广义层面分别来阐述的服务接触的概念都属于其传统意义上的定义,大致可以分为二元互动、系统视角、关键时刻与一次性四个方面,基于此总结出传统服务接触的代表性概念,整理如表2-1所示。

表2-1 传统服务接触的代表性概念

视角	概念内容	代表学者
二元互动	基于服务人员与顾客的面对面交互	Surprenant, Solomon（1987）； Guiry（1992）； Zeithaml,Bitner, Faranda, Hubbert（1997）； Pugh（2001）； Patterson, Mattila（2008）； Lin, Lin（2011）； Söerlund等（2014）
系统视角	服务全过程中所有有形与无形的互动	Zeithaml,Valarie,Bitner, Jo（2008） Bitner, Booms, Tetreault（1990）； Fuchs, Zanker（2012）；Victorino, Verma, Wardell（2013）； Shamdasani, Balakrishnan（2000）； Langeard（1981）；Lockwood（1994）；王京传与李天元（2012）； 王建玲、刘思峰与吴作民（2008）
关键时刻	顾客与企业交互的关键时刻或真实瞬间	Norman, Draper（1986） Grönroos（1984） Carlzon, Peters（1987） Huang, Hui, Inman, Suher（2012） CuLL, Walker（1995） Soupis（1989）
一次性	员工与顾客之间的一次服务行为	Bitner, Brown, Meuter（2000）； Groth, Gutek, Douma（2001）

③ 科技导入视角的服务接触　随着互联网科技的深入发展，Meuter（2000），Seck, Philippe（2013）基于自助式服务技术提出了无形接触的概念，并阐述在消费过程中，顾客与企业之间的互动不只是实体的有形接触，还有基于移动互联网技术与平台的虚拟的无形接触，包括飞机场航站楼的自助值机设备与酒店内自助预定与入住系统。Bitner, Brown, Meuter（2000），Bobbitt, Dabholkar（2001）等学者用科技介入的连接于顾客与企业之间的服务接触，描述基于移动互联网技术与平台的虚拟服务的接触过程；Van Dolen, Lemmink, De Ruyter, De Jong（2002）提出了电子服务接触的概念；Walker, Craig-Lees, Hecker, Francis（2002）提出了科技型服务传递的概念；Seck, Philippe（2013）在进行服务接触交互管道的探索与研究时，阐述了虚拟交互的概念；Osarenkhoe, Byarugaba, Birungi, Okoe, Bennani（2014）基于互联网技术与平台的虚拟服务接触，是指顾客运用计算机、手机来使用电子邮件的发送、在酒店的官网下订单支付货款的方式预订酒店客房等情况发生在酒店与顾客彼此间的交流交互。基于上述研究成果，国内学者开始关注基于移动互联网技术与平台上的服务接触研究。张希（2009）认为在互联网科技时代，消费者与餐饮行业的企业之间的交互可利用移动互联网平台方式来传递；李雷与简兆权（2013）在研究过去传统的服务接触时结合当下电子商务的快速发展，具体解释了电子服务接触的内涵；李军与李志宏（2014）在宏观的网络普及的环境下，提出与时俱进的现代服务接触的具体概念。国内外学者基于移动互联技术模拟的情境下的服务接触的探索与研究，为科技导入视角的服务接触的定义奠定了基础，科技导入视角的典型代表性服务接触的定义见表2-2。

表2-2　科技导入视角的服务接触定义

序号	定义	学者
1	顾客在自助服务系统与人际传递系统之间的互动选择	Bateson（1985）
2	公司、员工与顾客在科技导入下的互动行为依靠技术性服务这类可靠而有趣的工具所带来的顾客与服务组织（服务人员、服务环境）的交互	Byrne, Parasuraman（1996） Dabholkar, Shepherd, Thorpe（2000）
3	基于效率与便利性考虑而产生的顾客与网络技术之间的接触并完成服务交易	Robertson, Shaw（2006）Walker, Craig-Lees, Hecker, Francis（2002）
4	基于自助服务技术可能模仿及超越人际接触优点的特性，使得服务接触过程中服务组织更好了解顾客偏好及消费行为的双向接触活动	Bitner, Ostrom, Meuter（2002）
5	依托技术改变了服务传递的本质以及顾客与服务组织间互动的本质，并对顾客消费行为产生影响的互动	Dabholkar, Michelle Bobbitt, Lee（2003）

续表

序号	定义	学者
6	通过视频和声频技术进行的最终可以影响顾客服务质量感知的交互行为	Van Dolen, Dabholkar, De Ruyter（2007）
7	依赖自助服务引导顾客自助体验并能影响顾客整体服务体验与再购买决策的交互活动	Amin,Yahya,Ismayatim, Nasharuddin, Kassim（2013）
8	低度科技水平与高度的面对面接触互动行为	Drennan, MccollKennedy（2003）

服务接触是指顾客与服务企业的员工提供产品服务时两者间互动的时刻（Bitner, Booms, Tetreault,1990; Bitner, Brown, Meuter, 2000）。而Shostack（1985）与Bitner（1990）更具体化地界定服务接触的定义，他们具体阐述了服务接触涵盖所有的服务企业与顾客彼此间有可能发生的互动项目，包括服务人员、有形器材及其他可见事物。服务接触为短期"交易营销"与长期"关系营销"观点的结合，而成为服务业营销理论的重点研究之一；在较短的时期内，服务接触本身是基于"经济互相交换"的交易行为动机，迅速发展为以"社会互相交换"的买卖双方彼此互相交流接触的情境；在较长的时期下，双方将过去累积的接触经验，转换成未来彼此合作的承诺关系（McCallum, Harrison, 1985）。Czepiel（1990）认为服务接触是种常见的现象，具有多面的特性。它不仅关系到在消费特定的具体环境中，传送服务的员工与顾客双方在特定具体的环境之间发生的互动，更涵盖了从关系营销与消费者行为至员工关系与组织行为等各种复杂的管理理论。关于服务接触的研究。Gilbert, Wong（2003）从知觉控制的角度来探讨消费过程的服务接触中的人员互动。服务接触三大要素包含服务组织、服务人员及顾客，包含服务接触三要素的策略架构（图2-3）说明了三者之间如何共同合作促进服务的传递。

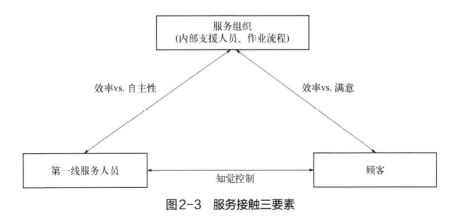

图2-3 服务接触三要素

为将服务接触的概念更完整表达，本研究将国内外学者对服务接触的理解整理为表2-3。

表2-3 服务接触概念汇总传统服务

分类	概念	作者
人际互动视角	在服务情境当中消费者与服务提供者之间面对面存在的互动关系	Solomon,Surprenant, Czepiel, Gutman（1985）
	顾客与服务提供者之间的双向互动关系	Surprenant, Solomon（1987）
	能掌握并利于服务双向传递的关键时刻	Soupis（1989）
	顾客与服务提供者双向互动的沟通行为	Morgan, Chadha（1993）
	顾客一段时间里与服务人员互动的过程	Martin, Adams（1999）
	每个人感觉与警觉转化为商业化的过程	Arlie Hochschild（1983）
	语言为主导的沟通互动	Mariani, Borghi, Kazakov（2019）
整体服务系统视角	顾客与服务人员接触产生的整体服务质量印象	Zeithaml,Valarie, Bitner, Jo（2008）
	顾客与整个服务系统间的互动关系，包括服务人员、实体设施与其他有形因素	Bitner, Booms, Tetreault（1990）
	顾客对企业产生全面印象的关键时刻	Bitner, Brown, Meuter（2000）
	不同任务（经济因素）与礼仪环相扣而带给顾客的心理满足	Fuchs, Zanker（2012）
	顾客直接与服务互动的时间，包括顾客间互动、与服务人员互动以及与设施设备等有形因素的互动	Victorino, Verma, Wardell（2013）
	服务接触全流程（服务人员、实体环境、顾客环境）中顾客感受到的信任及满意度	Shamdasani, Balakrishnan（2000）
	跨文化全流程服务接触中文化沟通与交流	Ang, Liou, Wei（2018）
	在绿色酒店接触全过程中体验到的生态友好服务	Gupta, Dash, Mishra（2019）
科技导入视角	公司、员工与顾客在科技导入下的互动	Byrne, Parasuraman（1996）
	顾客利用科技设备与服务组织的接触	Meuter（2000）
	低度的技术水平与高度的面对面接触	Drennan, Mccoll Kennedy（2003）
	技术驱动下医院与患者的沟通互动	Lee（2018）
	智能与互联技术环境下，顾客与企业间的互动	DeKeyser,Köcher, Alkire, Verbeeck, Kandampully（2019）

续表

分类	概念	作者
科技导入视角	Apple Pay在顾客与企业之间的互动	Liu, Mattila（2018）
	计算机媒介下，汉语服务接触语类	陈晓燕与姚银燕（2015）
	技术介入背景下顾客与企业的互动	李军与李志宏（2014）
	电子政务门户网站知识服务质量与服务接触	宋雪雁、管丹丹、张祥青、杨嘉璇与王梦圆（2018）
	电子商务环境下顾客与企业的服务接触	李海霞（2019）
评价：互动视角强调的是顾客与员工的双向沟通行为，忽略了服务接触的其他影响要素；系统视角既考虑了服务接触的多重影响因素，也将服务接触延伸到了服务体验的全过程；科技视角强调科技因素对服务接触的影响，这种影响对服务接触的要素有正向促进作用		

综上所述，本研究对服务接触的概念界定为顾客直接与服务人员、其他顾客以及与设施设备等因素的互动过程中感受到的心理满足与满意程度。

（2）服务接触的维度和测量 国内外专家学者在研究服务接触时发现其测量方式，主要通过服务接触的要素与科技维度进行，与此同时，国内外专家学者也在具体研究情境中进一步补充与完善服务接触维度。

J. L. Chandon, P. Y. Leo, J. Philippe（1997）基于服务二元视角进行研究，运用探索性与验证性因子的方法，从不同角度进一步剖析了二元维度服务接触的具体内涵，即物理环境交互接触与人际互动交互接触。Lovelock, Gummesson（2004）具体阐述服务营销结构体系的内涵，同时在研究中详细分析了针对顾客而言服务营销结构体系的所有要素具有可见性的特征。在研究服务营销结构体系中，顾客体验价值受多种因素影响，主要有顾客与服务人员之间交互、顾客与所处周围内外环境（指各种硬件设施设备）之间交互以及顾客与其他顾客之间的交互的因素。国内学者在研究顾客消费过程中扩展的服务交互模型中，进一步把服务接触细分成七个可量化的维度，具体是顾客与服务人员、服务环境、服务系统、其他顾客、员工与服务系统、员工与服务环境、服务系统与服务环境（范秀成，1999）。蒋婷与张峰（2013）研究采用关键事件分析法，深入剖析旅游类型中的团队游中旅客间的交互，并进一步指出基于旅客间互动的服务接触四个维度的具体内涵是礼仪违背、干扰与争执、友好交谈、建议帮助。

国内外专家学者在互联网时代探索与研究科技在第三产业即服务行业的各方面应用，主要探究的重点是顾客对科技的使用态度程度及其再次使用的意向程度（Dabholkar,1996），Meuter, Ostrom, Roundtree, Bitner（2000）用科技准备与科技聚焦来测量顾客的科技使用意向。基于上述研究，Meuter, Bitner, Ostrom, Brown（2005）结合互联网科技平台的使用情境，在研究中把自助服务技术的这个维度添加到服务接触的可测量的具体维度，研究发现机遇移动互联网技术的自助服务接触有帮助服务组织更好了解顾客消费偏好及消费行为的超越人际接触的优点，同时阐述了在互联网时代下顾客的亲身体验价值感知也会受到基于技术的自助服务接触的影响。Walker, Johnson（2006）与 Snellman, Vihtkari（2003）认为移动互联网情境下的现代服务接触不仅仅是传统意义上的顾客与服务人员接触交互、顾客与物理环境接触交互、顾客间的接触交互，还有基于移动互联网技术平台的自助服务接触交互。王瑾玮（2006）在研究中发现国内专家学者采用关键事件的方法，归纳出服务人员在为顾客提供服务时与新型便捷的科技设施设备间接触交互的满意因素与不满意因素（表2-4），同时结合主成分和正交旋转的方法来进一步深入剖析探索性因子，得出了科技型服务接触的四个具体维度，分别是独特性、有形性、优越性与独立性。汪克夷、周军与李丹丹（2009）在研究电信服务行业的基础上，进一步阐述服务接触的内容，细化为四个层面，其具体内容是功能接触、人员接触、环境接触与远程接触。

表2-4 人际服务接触与科技服务接触满意与不满意因素

变量名称		变量内容	变量来源
人际服务型服务接触	满意因素	及时恰当的回应、信任感、减少顾客焦虑与不确定、感受到重视、心情愉快、拉近距离	Gwinner, Gremler, Bitner（1998）; Sweeney, Webb（2002）; Howcroft, Hewer, Durkin（2003）;
	不满意因素	预料外的员工行为	
科技型服务接触	满意因素	解决强烈的需求：比人员接触好（方便使用、避免与服务人员接触、省时、使用方便、省钱） 确实有用：交易效率高、提供高质量服务传递、节省成本；服务质量稳定、信息量大、定制化服务、价格优惠	Meuter（2000）; Parasuraman, Grewal（2000）; Barnes（2002）
	不满意因素	技术过失；程序失误；技术不佳（技术设计或服务设计问题）；顾客自己过失；人际互动缺失；使用者新科技障碍	

综上所述，国内外专家学者研究关于服务接触的可测量维度，从两个角度出发，分别是过去传统服务接触要素与移动互联网背景下的现代服务接触，见

表2-5。结合本研究的实际情况与相关研究背景（目标酒店的移动互联网使用大同小异，本身差别不大，这已经不是影响顾客体验的最核心因素）。本章对服务接触的要素的测量方式及过程主要参考了其相关的测量成果，其可测量条款的详细内容在第3章研究设计这部分有说明。

表2-5 服务接触的主要测量维度

测量维度	测量内容	理论来源
传统服务接触要素	顾客与服务人员接触；顾客之间的接触；顾客与物理环境的接触	J.Chandon,P.Leo,J.Philippe（1997）；Keng, Huang, Zheng, Hsu（2007）；Wall A R（2013）；Huang, Hsu（2010）；C.H.Wu, R.Liang（2009）
基于移动互联网的现代服务接触	顾客与服务人员接触；顾客之间的接触；顾客与物理环境的接触；科技型服务接触	Meuter（2000）；Walker,Craig-Lees, Hecker, Francis（2002）；Robertson, Shaw（2006）；van Dolen, de Ruyter, Streukens（2008）；Udo,Bagchi, Kirs（2011）；王瑾玮（2006）；刘金岩（2007）；汪克夷、周军与李丹丹（2009）；Biedenbach, Bengtsson, Wincent（2011）；Simpson,Griskevicius, Rothman（2012）

评价：传统服务接触要素主要是测量了顾客与员工、顾客与顾客以及顾客与物理环境的三种接触；移动互联网视角的服务接触在上述三类接触之外，加入了互联网技术，有利于测量技术在提升服务接触质量方面的作用

（3）服务接触的前因变量和后果效应

① 服务接触的前因变量 学界对服务接触前因变量的研究主要集中在顾客因素、员工因素与企业因素三个方面。

a. 顾客因素 Pugh（2001），Mattila, Enz（2002）与Lin, Mattila（2010）通过对服务接触相关文献梳理显示，顾客个人因素中的情绪与情感会对其感知服务接触质量产生影响。Lin, Mattila（2010）通过对家庭顾客为主的平价休闲餐厅进行研究，认为顾客情绪中的愉悦与兴奋对顾客服务接触满意度有积极影响。Mattila, Enz（2002）通过对200位高星级酒店顾客的研究，验证了服务前的情绪与服务中的情感对服务接触评价与企业整体评价都有显著影响。Pugh（2001）研究认为顾客内心的积极情感对其感知服务接触质量有显著促进影响。辛向阳与王晰（2018）研究发现性别、年龄、教育背景、职业、行为习惯等人口统计学特征会影响服务接触质量。刘好强（2014）与李志兰（2015）验证了顾客互动会影响服务接触。

b. 员工因素 整理服务接触相关研究发现，员工因素中的年龄、外貌、情

绪、工作能力、社交能力、自我效能、工作满意度与工作适应性都是影响顾客感知服务接触质量的主要因素。Wägar, Lindqvist（2010）对包括服装、家电技术服务、银行、牙医与美发五个行业顾客的研究发现，服务接触交互的双方年龄匹配度会对服务接触质量有一定的影响：年长顾客倾向于选择年长服务者，年轻顾客倾向于选择年龄更小的服务者。Luoh, Tsaur（2009）基于实验法对虚拟餐厅服务情境中480位被测试者的研究，验证了服务接触中服务人员外貌会影响服务接触质量。Pugh（2001）对美国南部地方银行39个分支机构的337位顾客与220位员工的研究，验证了服务行业员工的个人情绪会在服务接触交互时不知不觉影响到顾客个人情感，进一步会使顾客感知服务质量受到影响。Van Prooijen, Van den Bos, Wilke（2002）基于对家具服务商中413位顾客与59位员工的调研，发现服务企业员工工作能力与社交能力对顾客服务接触质量有积极影响。Hartline, Ferrell（1996）通过对279家酒店的236位管理者、743位员工与1351位顾客的研究，验证了员工个人自我效能、员工对于工作本身满意度和员工工作内容与环境的适应性对顾客服务接触质量有正向影响。王季与李倩（2016）认为员工为顾客服务的工作技能会影响电话服务接触质量。Söderlund, Rosengren（2010）指出在顾客消费过程中与服务人员接触交互时，该员工在情感上的行为举止会不知不觉地影响顾客的心情，包括服务人员的语调、脸部表情、手势等，都有可能成为顾客产生认知的来源，最终在顾客心中留下印象，进一步对服务接触的质量以及顾客满意度产生影响。有部分学者同时提出在服务业当中，人与人之间互动是综合评估服务营销不可或缺的一个要素（Crosby, Evans, Cowles, 1990; Czepiel, 1990; Surprenant, Solomon, 1987）。在B2B的服务环境中，Paulin, Ferguson, Payaud（2000）认为从社会学与人际关系的观点来看，服务人员接触比科技接触扮演更为重要的角色。即使是在高科技服务产业中，在给顾客提供较为复杂的服务时，服务人员在服务传递过程中所扮演的角色相对于冷漠的技术，还是更为关键的（Mattsson, 2000）。Choi, Liu, Mattila（2019）研究认为语言沟通能力与技巧会影响顾客对服务接触的评价。

　　c. 企业因素　相关研究显示，企业因素中的组织授权、员工行为评价与企业组织质量承诺都会对顾客亲身体验感知的服务接触质量产生一定的影响。Hartline, Ferrell（1996）研究认为组织授权、员工行为评价与组织质量承诺会通过员工自我效能、员工工作适应性与工作满意度来影响服务接触质量。宋雪雁、管丹丹、张祥青、杨嘉璇与王梦圆（2018）验证了知识服务虚拟环境、知识服务过程、知识内容质量与知识服务情感体验这四个要素会直接影响基于互联网平台的电子政务门户网站下所展示的知识性服务接触质量。王季与李倩

（2016）认为技术系统支持会影响电话服务接触质量。辛向阳与王晰（2018）认为企业的物理环境会影响服务接触质量。De Keyser, Köcher, Alkire, Verbeeck, Kandampully（2019）认为人工智能、机器人技术和区块链技术会影响一线的服务接触。Keating, McColl-Kennedy, Solnet（2018）研究指出技术会影响服务接触。

② 服务接触的后果效应　服务接触的后果效应主要体现在四个方面，其具体内容是顾客信任、顾客满意、顾客忠诚与行为意向。

a. 顾客信任　在众多国内外学者的探索与研究下，服务接触直接影响顾客信任这一环节是经过多数的验证得到的。Geigenmüller, Greschuchna（2011）在研究过程中进一步验证了服务接触的交互对顾客体验其价值感知的服务员工与企业信誉产生极大的影响。De Ruyter, Wetzels（2000）研究发现服务接触交互的关键时刻会对顾客信任起着正向促进的影响。Zeithaml, Bitner, Faranda, Hubbert（1997）认为顾客在经历服务接触后产生的服务体验是经过服务企业组织及其相关基于互联网科技平台的服务系统、服务操作程序、服务人员与顾客间互动产生的结果感知。因此，可以认为服务接触是一种双方交流互动的过程，而服务体验对于顾客而言其实是一种可以感受到的服务结果，实际上就是顾客对所感知到服务质量的总体评价。Heinrich, Schwabe（2018）认为优化服务接触的技术设计，可以提升银行咨询服务的有效性与实用性，增强顾客咨询服务质量与体验。

b. 顾客满意　研究发现，服务接触会对顾客满意度造成一定的影响。Singh Gaur, Xu, Quazi, Nandi（2011），Wägar, Lindqvist（2010）与Makarem, Mudambi, Podoshen（2009）分别验证了在诊所患者、家庭平价餐厅、学校学生服务接触中，其对诊所患者、平价餐厅顾客与学校学生的满意程度有明显的正向促进作用。Jayawardhena, Souchon, Farrell, Glanville（2007）与De Ruyter, Wetzels（2000）研究发现私人安全服务与电话服务中，私人安全与电话服务接触会明显地影响顾客满意程度。良好的服务接触可以让顾客产生愉悦的体验价值，相反也可以让顾客对服务产生负面评价，顾客在服务接触中所感受到的服务质量越高，体验价值越好，其对整体服务的满意程度也就越高，再次购买的概率与向他人推荐的意愿也会越高（郭帅，银成钺，苏晶蕾，2017）。Ang, Liou, Wei（2018）认为跨文化服务接触的互相交流会影响顾客感知的服务质量与满意度。Sichtmann, Micevski（2018）首次专门预测和相似性吸引范式，并强调移民背景是独特的。在这种高参与度服务环境中的移民客户行为，结果挑战了社会认同理论，此情况下，归因在确定客户满意度方面起着关键作用。

c. 顾客忠诚　服务接触会影响顾客忠诚，这是学界大多数研究得以验证的观点。Singh Gaur, Xu, Quazi, Nandi（2011）对孟买诊所320位患者的调研发现，服务接触会通过顾客满意度影响患者忠诚。Jayawardhena, Souchon, Farrell, Glanville（2007）通过对私人安全服务机构329位顾客的研究，验证了服务接触通过影响满意度来影响顾客忠诚。传统上认为顾客与服务人员间的互动是顾客满意度以及顾客对企业忠诚度的一个决定性要素（Oliver, Rust, Varki, 1997; Winsted, 2000; Liljander, Mattsson, 2010; O'Loughlin, Szmigin, 2010）。Bitner, Brown, Meuter（2000）研究发现服务接触会影响顾客满意度、忠诚度、购买意愿、口碑传播等；因此，对于每一次服务组织与顾客间所发生的服务接触的互动时刻都存在着发展机会与挑战威胁。Mariani, Borghi, Kazakov（2019）研究发现服务接触中在线酒店顾客评论会影响到在线顾客满意度。Sharma, Tam, Wu（2018）认为跨文化服务接触会对顾客期望的管理带来影响。Araujo（2018）发现与在线聊天机器人相比，实体环境下的服务接触语言风格与技巧，会影响顾客态度、满意度与情感联系。

d. 行为意向　众多学者研究服务接触的过程中，多次验证了其会直接影响顾客消费行为意向。Makarem, Mudambi, Podoshen（2009）对美国三所大学253位学生进行调研，验证了服务接触会正向影响其满意度，进而影响口碑、再购买与推荐意愿。Keng, Huang, Zheng, Hsu（2007）在研究服务接触的过程中，调查了中国台湾购物中心267位顾客，认为服务接触的交流互动会影响顾客体验价值的感知进而影响顾客购买商品的意愿。De Ruyter, Wetzels（2000）对荷兰147位电话使用者的研究显示，服务接触通过影响满意度来影响顾客重复使用的意愿。Bitner, Booms, Tetreault（1990）研究把顾客满意度、服务关系营销组合以及归因理论这三个要素结合起来，构建基于服务接触的服务质量评估模式，该模型（图2-4）一部分主要是用以评估顾客期望与实际情形不一致的情况下，硬件实体环境、员工的接触反应及企业对顾客提供的补偿措施，这些对顾客满意度产生明显的影响。研究结果显示在服务传递过程中，顾客与员工、实体环境与组织的每一次接触都会影响到其满意度，进而影响到顾客的再购买与推荐意愿。Bresin（2019）研究发现服务接触会带来顾客地域文化与身份特征的认同。Han, Shim, Lee, Kim（2019）研究指出价值维度、整体形象会影响服务接触，服务接触会影响顾客重购意愿。Gupta, Dash, Mishra（2019）研究认为绿色服务接触会影响顾客信任与再购买意愿。

综上所述，现有研究关于服务接触的前因变量主要集中在顾客因素、员工因素与企业因素三个方面；服务接触的后果效应主要体现在顾客信任、顾客满

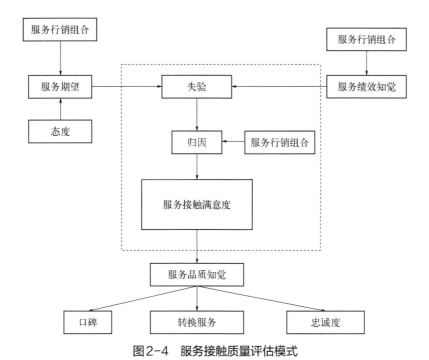

图2-4 服务接触质量评估模式

意、顾客忠诚与行为意向四个方面，部分服务接触前因变量与后果效应代表性成果详见表2-6。

表2-6 服务接触的前因与后果效应

类别	维度	内容	来源
前因变量	顾客因素	顾客情绪	Lin, Mattila（2010）；Mattila, Enz（2002）；Pugh（2001）；赵晓煜、曹忠鹏与张昊（2012）；辛向阳与王晰（2018）；刘好强（2014）；李志兰（2015）；蒋婷（2014）；蒋婷与张峰（2013）
		顾客情感	
		个人特征	
		顾客互动	
	员工因素	员工年龄	Wägar, Lindqvist（2010）；Luoh, Tsaur（2009）；Pugh（2001）；Söderlund, Rosengren（2010）；Van Prooijen, Van den Bos, Wilke（2002）；Hartline, Ferrell（1996）；王季与李倩（2016）；胡君辰与杨林锋（2012）；银成钺与王影（2014）；李良智与欧阳叶根（2013）；Choi等（2019）
		员工外貌	
		工作能力	
		社交能力	
		自我效能	
		工作满意度	
		工作适应性	
		个人情绪	

续表

类别	维度	内容	来源
前因变量	企业因素	组织授权	Hartline, Ferrell（1996）；宋雪雁、管丹丹、张祥青、杨嘉璇与王梦圆（2018）；王季与李倩（2016）；辛向阳与王晰（2018）；李军与李志宏（2014）；李雷与简兆权（2013）；Keating 等（2018）；Han 等（2019）；Keyser 等（2019）
		组织评价	
		质量承诺	
		信息技术	
		物理环境	
后果效应		顾客信任	Heinrich 等（2018）；
		顾客满意	Wägar, Lindqvist（2010）；Lin, Mattila（2010）；Bitner, Brown, Meuter（2000）；郭帅、银成钺与苏晶蕾（2017）；Tyson 等（2018）；Sichtmann 等（2018）；Mariani 等（2019）；
		行为意向	Makarem, Mudambi, Podoshen（2009）；Keng, Huang, Zheng, Hsu（2007）；De Ruyter, Wetzels（2000）；吴文贵与黄淑（2014）；Bresin（2019）；Hanetal（2019）；
		顾客忠诚	Bitner, Brown, Meuter（2000）；郑锡聪（2016）；Singh Gaur, Xu, Quazi, Nandi（2011）；Liljander, Mattsson（2010）；O'Loughlin, Szmigin（2010）；Sharma（2018）；Araujo（2018）

2.2.2 顾客体验价值研究综述

（1）顾客体验价值的概念

通常来说，顾客体验价值的概念是建立在服务接触的顾客体验与体验价值基础上的，因此在深入了解其内涵之前，需先分别认识了解顾客体验与顾客价值的定义。

① 顾客体验的定义 关于顾客体验的具体定义，国内外专家学者基于多学科角度，进行了大量的探索研究分析。本章总结学者的研究，主要从心理与功能这两个层面来界定顾客体验的详细定义。

从心理层面上来讲，Pine, Gilmore（1998）阐述体验其实是人在接触事物时心理上产生的一种美好或者糟糕的感觉，而且这种感觉在特定的具体情境即一个人的情绪、智力、体力与精神同时都达到某一特定水平时才会产生。在"刺激-反应"理论的基础上，有学者认为体验是指一个人对外界某些刺激时心理上所产生的内在感受（Schmitt, 1999）。周本存（2001）研究过程中，认为体验的定义是一个人的一种有回忆与难忘价值的主观感受，是自己亲身通过实践或经历的方式获得的感知方式。马连福（2005）详细阐述体验是一个人必须亲身经历的事与物，其定义的具体内容主要围绕以下五个要点：体验是一种作用于人的感官刺激进而引发顾客本身对产品与服务的心理活动；体验是一种经历；体验是一种可以被激发的东西；体验是一种多变的东西；体验可以创造价值。

从功能层面上来讲，Kotler, Scheff（1997）研究发现体验作为企业经营的一种营销策略与方式，是产品和服务的附加值，有助于提升企业产品与服务的营销效率，扩大企业的市场占有额。Pine, Gilmore（1998）的研究直接把体验视为顾客对企业产品与服务的主观感受，指出体验与产品及服务之间的关系是密不可分、相辅相成的，同时体验与产品和服务又存在本质上的区别。Mele, Russo Spena, Colurcio（2010）研究认为顾客体验的内涵是指顾客与企业彼此间互动交流的实时反应，通过参与者之间的互动方式，可以推动资源的优化整合，从而实现产品与服务价值的创造。黄勇与黄敏学（2003）研究认为，顾客自己的主观臆断与其被动的接收是两种不同的方式，体验作为企业即将与顾客进行交易互动的无形产品，把顾客心理与情感要素融合在里面，主要体现在产品与服务的质量、强度、意义与价值方面。

② 顾客价值　大多数专家学者研究关于顾客价值概念的界定时，由于以前传统的理性经济学思想根深蒂固，于是他们从成本收益角度出发，对顾客体验价值的定义进行了界定，见表2-7。

表2-7　顾客价值的代表性定义

序号	顾客价值定义	定义来源
1	顾客所能感知到的利得与其获取产品与服务中所付出的成本进行权衡后对产品与服务效用的整体评价	Zeithaml, Valarie, Bitner, Jo（2008）
2	顾客产品感知质量或感知利得与产品价格的感知利失相权衡后的价值感知	Monroe, Downs（1991）
3	基于感知利得与感知利失的权衡或对产品效用的综合评价	Anderson, Jain, Chintagunta（1993）
4	感知价值是对企业产品的相对价格进行调整后的市场感知质量	Gale, Gale, Wood（1994）
5	整个消费过程的价值，是顾客对整个关系持续过程价值的综合衡量	Ravald, Grönroos（1996）
6	顾客在使用产品并发现产品提供了附加价值后，与企业之间建立起来的情感纽带	Butz, Goodstein（1996）

续表

序号	顾客价值定义	定义来源
7	由产品属性层价值、产品功效层价值与核心价值三个层次组成的层级结构	Woodruff（1997）
8	由顾客对于所持有的产品信仰、品牌态度与消费体验构成的消费感受	Spiteri, Dion（2004）
9	在特定情境下对使用产品产生价值的综合评估	姜陆与金玉芳（2016）
10	功能价值、社交价值与享乐性价值构成的综合结构	韩小芸等（2016）
11	顾客与企业互动过程中通过资源整合而产生的价值	黄嘉涛（2017）

③ 顾客体验价值 体验经济学家Pine, Gilmore（1998）曾经说过"即使演员在舞台上的表演为观众提供的服务具有不可储存的特性，但是对于剧场观众而言，其实这种服务早就在观众的心中留下深深的烙印并且存储在回忆里，可以不断回味与欣赏"，这就是体验的价值所在。通过对现有文献的整合与梳理，关于顾客体验价值的概念界定，学界主要从顾客体验、顾客价值与价值共创三个视角切入。

a. 基于顾客体验视角的顾客体验价值 20世纪80年代初期，Holbrook, Hirschman（1982）基于大量理论研究与实践总结，提出了"体验价值观"，体验价值观的核心是"消费体验会产生顾体验消费价值，体验消费价值不同于理性消费价值，它更多的是消费者内心有关美感、享乐与符号的价值，是基于传统消费模式转换背景，催生起来的一种新型顾客价值判断方式"，指出顾客体验价值的三个特性，分别是互动性、相对性与偏好性。Csikszentmihalyi（1992）从心理学角度进行研究，认为顾客体验的具体内涵其实是顾客本身消费产品时所产生的一系列内在的心理反应，是由外在产品或服务的刺激而激发的顾客各个感官知觉，其中顾客本身对产品与服务的主观情绪与感知状态就是其体验价值逐渐形成的重要方式，因此，顾客体验价值还具有独特的参与性与个体差异性的特征。Mathwick, Malhotra, Rigdon（2002）研究发现，体验本身就蕴含着价值，这种价值就是体验价值，体验基于人们心理需要的满足，才能展现企业与众不同的优势，并创造出不平凡的价值与体验利润。舒伯阳与余日季（2005）研究指出体验作为一种企业经营的特殊商品，顾客通过体验的方式来获得的本身精神状态改变就是体验的价值所在的关键点。申光龙、彭晓东与秦鹏飞（2016）认为体验价值是具有针对性，与顾客自身的消费偏好相关的体验感知。

b. 基于顾客价值视角的顾客体验价值 Mathwick, Malhotra, Rigdon（2001）

指出体验价值的定义是顾客基于直接使用或欣赏企业提供的服务与产品后，心中产生的关于企业产品的独特属性或企业员工服务绩效的认知及相对消费偏好。Lee, Padmanabhan, Whang（2004）研究发现体验价值是顾客消费前后所亲身经历企业提供如娱乐身心、休闲放松、忘却现实压力、寻求视觉美感与交流互动等一系列活动后，顾客对其所感知的自身利益总和。苏嘉杰（2005）研究成本收益模式，并从其角度出发，得出顾客体验价值是指顾客采用体验的方式自身得到的利益和需要付出的成本差值的剩余。李姗与周林森（2005）研究指出企业在经营时，可以采取互动的方式，了解顾客需求，并创造其体验价值，同时把体验价值看作是顾客价值的一种，可以为企业带来更多的营业利润。谢礼珊、彭家敏与王帅（2009）研究指出对于顾客而言，其感知关系利益的综合就是顾客体验价值的本身。姚亚男、郭国庆、连漪与李青（2017）认为体验价值就是关注体验过程中的愉悦与独特性，并自发对体验做出的判断与评估。

c. 基于价值共创视角的顾客体验价值　Fournier（1998）探索与研究顾客及品牌关系发现，企业采取与消费者相关的互动方式，比如消费者与其他顾客、物理环境或企业品牌之间的互动行为，以此可以收获得到顾客与其所处的社会关系相关的独特的消费体验价值。Prahalad, Ramaswamy（2010）认为随着商品的价值从产品本身逐渐转移到体验方式上，消费市场已赋予新的意义，成为用户、用户群体与企业之间彼此互动、交流对话的大平台，顾客体验成为下一个价值创造的实践中心。王新新与潘洪涛（2011）认为体验价值不单是由服务或产品的提供者单方面创造的，而是顾客单方对产品与服务感知后获得的，并且是顾客个人、企业与其他顾客三者共同创造出来的。在消费过程中，顾客与企业双方关于产品与服务的交流互动中共同营造的美好体验（卢长宝，李羽慧，2016）。Vargo, Lusch（2004）指出顾客与企业关于资源整合方面与能力应用的方面，双方在相互交流的作用中一起创造体验价值的，这不是彼此交换价值，而是在消费过程中体验到的使用价值。Wu（2007）研究发现体验价值从根本上来讲是顾客与企业员工在互动过程中对产品与服务的体验的感知和评价。基于服务主导逻辑理论，服务本质上来讲是任何经济交换行为的根本属性。企业表面上为顾客提供的是有形产品，实质上是基于营销产品的服务或满足顾客需求解决方案。由于企业、顾客分别扮演不同的角色，即企业作为服务产品价值主张的提供者，而顾客作为产品服务交流互动中感知价值的评判者，于是顾客是产品与服务价值共创的主体部分，更是其体验价值的核心部分，这二者共同创造了体验价值（钟振东，唐守廉，Pierre, Vialle, 2014）。

基于顾客体验、顾客价值与价值共创三个视角的体验价值概念界定详见表2-8。

表2-8 体验价值的代表性定义

视角	侧重点	内容	定义来源
顾客体验	体验价值与顾客价值具有共性价值	顾客价值、消费价值，是顾客具有个人偏好、与产品互动过程的体验，是顾客使用产品或接受服务过程中感知的功能价值	Holbrook, Hirschman（1982）；Csikszentmihalyi（1992）；Holbrook（1999）；Mathwick,Malhotra, Rigdon（2002）；Maglioetal（2010）；舒伯阳与余日季（2005）；申光龙、彭晓东与秦鹏飞（2016）
顾客价值	顾客价值的要素与组成	消费体验过程中，顾客表现出来的感性价值判断	Mathwick, Malhotra, Rigdon（2001）；苏嘉杰（2005）；李姗与周林森（2005）；谢礼珊、彭家敏与王帅（2009）；秦保立（2011）；姚亚男、郭国庆、连漪与李青（2017）
价值共创	由企业与顾客共同创造	在顾客互动或与企业互动体验过程中共同创造的价值，互动是价值共创体验价值的基本特征	Fournier（1998）；Vargo, Lusch（2004）；Tynan, McKechnie,（2009）；Prahalad, Ramaswamy（2010）；王新新与潘洪涛（2011）；钟振东、唐守廉Pierre, Vialle（2014）；卢长宝与李羽慧（2016）

综上所述，体验价值来源于顾客价值理论，同时又完善发展了顾客价值理论，尽管专家学者对体验价值的界定角度不同，但都强调了顾客主观性感知与偏好，重视顾客的心理认知与情感感受，基于上述三个视角的体验价值概念界定，各有侧重。基于顾客体验视角的体验价值定义，侧重于顾客所感受到的产品或服务的功能性价值，忽视了体验价值不仅仅是对产品与服务功能价值的涵盖，体验价值更是贯穿于顾客体验与消费产品与服务的整个过程。基于顾客价值理论，同时从这个视角出发，狭隘地阐述了体验价值的定义，并指出体验价值作为顾客价值的一部分，于是二者在概念定义上雷同，主观上忽略了体验价值本身的独特性与重要性。基于价值共创视角的体验价值定义，在界定过程中不仅考虑到了顾客体验产品与服务的功能性价值需求，将体验价值的定义界定涵盖了顾客对产品与服务体验的全流程，让体验价值的定义包含了客户感知价值的基本属性，同时也考虑到了体验价值是顾客与企业、其他顾客共同创造的整体性与互动性。本研究主要采用价值共创视角来界定体验价值的概念，即在顾客与企业之间交流互动中顾客产生体验过程中，双方共同创造的体验与价值。

（2）顾客体验价值的维度和测量

企业针对顾客体验价值的测量方式经历了从单一的成本收益权衡方法到对产品与服务综合评价方法的综合演进与变化。企业最原始的顾客体验价值的测量方式主要是采用成本收益法来衡量，即把顾客花费成本与其收益之间权衡作比较得与失，从而得出顾客体验价值的高与低。后来由传统的测量方式演变发展到从顾客与产品、物理环境及其员工彼此间的交流互动关系来测量体验价值的高与低，着重强调的关键部分是顾客在企业提供产品与服务消费体验后，其亲身经历的感官、视觉美感和内心情感等主观感受进而做出对其的综合评价。国内外专家学者对体验价值的衡量主要围绕内省式视角、层次式视角与关联式视角三个视角展开（张芳，2015）。

① 内省式视角　众多学者基于心理学视角，研究体验价值本身及其维度的过程中，具体阐述顾客体验价值的来源之处，即源自顾客对企业提供的产品与服务消费体验全过程的主观感受，这种顾客获得体验感知状态的过程，其实也是内省式体验的内涵（张芳，2015）。

Csikszentmihalyi（1992）与 Voelkl, Ellis（1998）等学者提出的内省式体验价值维度中，体验价值可以依据两个感知层面的高低，即技能层面与挑战层面，详细划分为八个可测量的维度（图2-5），这八个维度是采用感知技能与挑战的途径来权衡顾客体验产品与服务后产生的心理状态，感知技能与感知挑战双方的主要差异在于对机会成本预估的阶段不同，核心是在对机会成本的预估与评判。其中感知技能是顾客提前预测估算在消费之前对企业、产品与服务的信息收集过程中可能花费的时间成本、金钱成本、精力成本与体力成本等机会成本的总和；与之相对应的感知挑战具体内涵是指消费者预测估其对企业产品与服务在消费过程中可能出现的阻碍时间成本、金钱成本、精力成本与体力成本等机会成本的影响因素大小。

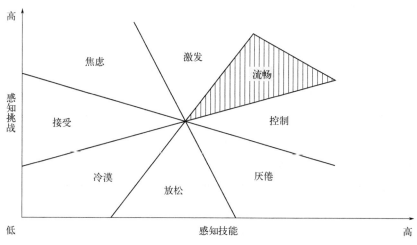

图2-5　内省式体验价值维度

从图2-5可以发现：当感知技能的数值位于较高且感知挑战的数值较低的时候，顾客预测估算企业产品与服务的消费体验过程几乎没有阻碍，较为顺畅，则顾客此时呈现放松与控制等心理精神状态，由于感知挑战的数值较低时又会让顾客对企业产品与服务失去新奇与挑战而容易产生厌倦的心理精神状态；相反，当感知技能的数值较低且感知挑战的数值较高的时候，顾客会下意识认为企业的产品与服务在消费整个过程中会受到重重阻碍，从而内心易呈现担忧与焦虑的状态；当感知挑战的数值相比感知技能的数值高一点的时候，顾客会理所当然地认为只要自己通过努力内心就会达到流畅的心理状态，因此顾客较为容易呈现激发的精神状态；当感知挑战的数值与感知技能的数值相等时，即达到顾客体验企业产品与服务价值的最佳心理状态，也就是顾客呈现流畅精神状态，基于此，顾客完全把自己沉浸在消费企业产品与服务体验的全过程，进而产生美好的价值体验。Mano, Oliver（1993）研究认为体验价值有两大类，即是企业产品与服务能够满足顾客的内在价值与外在价值（也称为使用价值与享乐价值）。Novak, Hoffman, Yung（2000）与Takatalo, Nyman, Laaksonen（2008）等通过实证研究发现虚拟环境下，顾客体验价值是由身临其境、情境联系和胜任感三个维度构成，进一步拓展了内省式体验价值可衡量的维度的应用与范围。

②层次式视角　基于马斯洛需求的七个层次理论，建立以从低到高逐步满足不同层次的顾客体验需求为基础的多层次式顾客体验价值维度。Schmitt（1999）基于心理学与神经生物学，在做了大量关于顾客体验的探索与研究后，认为顾客体验价值可以分为五个体验价值维度，具体是指感官、情感、思考、行动与关联，每一个体验价值维度可以满足顾客不同层次的内心消费体验需求。感官体验具体是指顾客以眼睛的视觉、耳朵的听觉、鼻子的嗅觉与身体的触觉等直观的外界发生的刺激以给顾客留下的最直接深刻的身体体验；情感体验具体是指企业以创造产品与服务来满足顾客内心情感需求的体验进而触发其心理情感，即是顾客内心产生对企业提供的客观事物等的主观反应；思考体验具体是指企业提供让人出乎意料、发散兴趣等刺激的产品与服务，让顾客在这个过程中对所接触的客观事物属性及其关联产生独立的发散或收敛思考行为；行动体验具体是指顾客在接触企业产品与服务时与服务组织、其他顾客及服务物理环境彼此间的互动交流活动，进而使其产生符合自身生活方式与体验的主观感受；关联体验具体是指顾客已不必要关乎外在条件，还要超越个人本身的人格尊严与私人情感的内因条件，使其个体的条件能与理想中自我、他人与文化三者之间产生互相关联，它是位于最顶

尖的高层次的体验维度。Mathis, Kim, Uysal, Sirgy, Prebensen（2016）与Di Chiara, Bassareo（2007）的体验一致性理论，将顾客体验价值划分为更为具体的实用性、感觉、情感、认知、生活方式与关联六个体验维度。国内专家学者范秀成与李建州（2006）研究发现顾客在消费过程中是感性与理性并存的统一体，在体验企业产品与服务时，企业的产品与服务首先要满足顾客基本的生理需求，进而满足顾客更高的心理与社会归属感需求，这也是最重要的需求。企业针对顾客最基本的生理需求，创造并满足顾客的生理需求的产品的基本功能价值，而企业针对更高层次的心理需求与社会归属感，要求并满足顾客情感上的利益与尊重与社会地位的象征的服务产品，并指出"消费是一种社会体验"。基于上述理论，顾客不同层次的需求从低到高依次排列为功能性、情感性与社会性需要层次体验。Gentile, Spiller, Noci（2007），张凤超与尤树洋（2009）研究构建了具有层次式特征的体验价值结构维度模型，如图2-6所示。

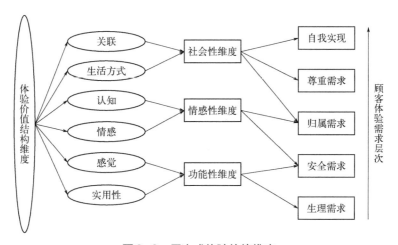

图2-6　层次式体验价值维度

③ 关联式视角　大多数学者从心理学与马斯洛需求层次视角的两个角度进行研究，还有部分学者站在新的视角下，即从顾客与消费情境关联的角度出发，来探究顾客体验价值的维度。Holbrook（2006）认为站在顾客与情境两个维度来具体分析体验价值，阐述了内在-外在、主动-被动的研究探索路径。Mathwick, Malhotra, Rigdon（2001）以电子商务领域为例并进行了相关的实证研究，并开发出了顾客体验价值量表，提出了体验价值的四个维度，具体是指消费者投资报酬价值、服务优越性价值、美感价值与趣味性价值，如图2-7所示。

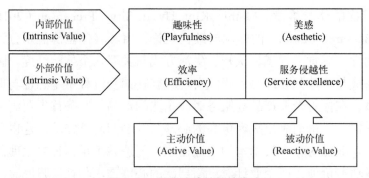

图2-7　关联式体验价值维度

消费者投资报酬价值又称为感知效率，即效率价值，它是顾客对企业产品与服务感知其外在价值与主动价值的集合，进一步反映了顾客对关于企业产品与服务在交通、等候时间、花费方面的投入成本与企业服务人员工作的效率等之间各方面的权衡；服务优越性价值具体是指顾客亲身感知企业产品与服务的外在价值与被动价值的总和，这反映了顾客对于企业服务人员工作方面的知识专业性与效率及时性的总体评价，Zeithaml（1988）研究发现服务优越性直接反映了顾客对服务提供者提供承诺产品、服务总体价值的肯定。美感价值是顾客对企业产品与服务感知内在价值与被动价值两方面的心理反应，这主要是顾客所处的消费环境与产品外观的要素所引起的视觉反应；趣味性价值是顾客对企业产品与服务感知内在价值与主动价值方面的集合，来源于顾客自身的认知能力，企业通过组织策划与自身实际情况相符合的各类主题活动，来吸引顾客前来参与这些独特的远离现实并沉浸在愉悦放松氛围的活动体验，这是由企业创造的外部活动环境条件反射进而引起的顾客内部的一系列心理反应。

上述体验价值测量维度的三种视角，都在一定程度上体现了体验价值主客观融合的综合性。内省式体验价值的维度充分考虑了顾客对企业产品与服务感知的主观感受，但在一定程度上忽视了顾客与其所处的具体消费情境两者之间的关联性；层次式体验价值维度基于马斯洛需求层次理论，关注顾客对企业产品与服务感知的体验价值对其满意度的影响，却不够重视顾客体验价值自身的空间差异；关联式体验价值测量维度既考虑了顾客在体验企业产品与服务过程中所感知的主观评判，也体现了顾客与具体消费情境之间的关联性，并关注了体验价值自身的空间差异。因此，关联式体验价值测量维度在所有测量维度中得到了学界的广泛认可。根据现有研究成果而整理的体验价值维度，详见表2-9。

表2-9 体验价值维度与测量总结

视角	维度测量划分	维度来源
内省视角	冷漠、放松、厌倦、控制、流畅、激发、焦虑、担忧	Csikszentmihalyi（1992）；Voelkl, Ellis（1998）
	内在与外在价值；实用价值、享乐价值	Mano, Oliver（1993）
	娱乐与教育体验、逃避现实与审美体验	Pine, Gilmore（1998）
	身临其境、情境联系、胜任感	Novak, Hoffman, Yung（2000）；
	外部信息获取、内部价值感受	Bennett, Härtel, McColl-Kennedy（2005）
	触动与情境体验、趣味与视听体验	王溯与傅贤治（2006）
	娱乐体验、情感体验、文化体验	韩炜（2007）
层次式视角	场景体验、感觉体验、思维体验、情感体验、行动体验、评价体验	Lofman（1991）
	功能-社会-情绪-知识体验、条件体验	Sheth, Newman, Gross（1991）
	感官-情感-思考-行动体验、关联体验	Schmitt（1999）
	感官与情感体验、成就与心灵体验	张红明（2003）
	实用体验、感觉体验、情感体验、认知体验、生活方式体验、关联体验	Di Chiara, Bassareo（2007）；范秀成与李建州（2006）
	社会性价值、情感性价值、功能性价值	张凤超与尤树洋（2009）
	感官与情感体验、思考与行动体验	Brakus, Schmittand, Zarantonello（2009）
	感觉体验、情感体验、智力体验、身体体验、社交体验	Dennis, Joško Brakus, Alamanos（2013）
	功能与情感体验、认知体验、社会体验	蒋婷（2013）
关联式视角	内在与外在价值；主动价值、被动价值	Holbrook（2006）
	投资价值、服务优越性价值、美感价值与趣味价值	Mathwick, Malhotra, Rigdon（2001）
	情感价值、价格价值、质量价值	Soutar（2001）；王永贵等（2005）

评价：三种视角体现了体验价值主客观融合的综合性。内省式维度考虑了顾客主观感受，但忽视了顾客与消费情境的关联性；层次式维度关注了体验价值对顾客满意度的作用，然而对体验价值的空间差异重视不够；关联式维度既考虑了顾客体验过程中的主观评判，也体现了顾客与消费情境的关联性，关注了体验价值的空间差异

结合本书研究的具体情境，本章对顾客体验价值的测量主要采用关联式视角的方式来进行，具体测量问项见第4章研究设计部分。

（3）顾客体验价值的前因变量和后果效应

关于体验价值的前因变量与后果效应研究，学界已经取得了众多研究成果，但由于不同服务类型中影响体验价值的要素与体验价值带来的影响各有不同，即便是对同一服务类型的前因变量与后果效应也存在不同研究结论，主要原因在于研究的出发点不一致，部分研究是基于体验价值的构念有层次地展开探索，而有的研究是基于其维度有层次地展开探索，不同研究中所涉及的体验价值维度又存在着一定的差异性。本书对体验价值前因变量与后果效应相关研究成果进行梳理，集中体现在宏观与微观两个方面。因此本书主要围绕宏观与微观两个方面进行梳理体验价值的前因变量与后果效应。相当部分关于体验价值前因变量与后果效应的研究都是微观与宏观交叉进行，本章就不对微观与宏观进行细分了。

① 体验价值的前因变量　Crouch, Ritchie（1999）研究目的地竞争力过程中，构建其模型，并发现，核心资源吸引物、辅助资源吸引物、目的地管理、目的地发展规划与政策、宏观市场竞争环境、限制或倍增因素都会影响顾客对企业产品与服务感知体验价值。Crouch, Ritchie（2005）研究过程中改进了目的地竞争力模型，阐述了基于36种影响因素的目的地资源的属性。Kim（2014）认为旅游小镇的地貌、文化、活动多样性、好客度、基础设施、环境管理、通达性、服务质量与地方依恋等因素会影响游客体验价值。Wu, Li, Li（2018）认为互动质量、物理环境、通达性会对主题公园顾客体验价值产生影响。Dong, Siu（2013）认为服务场景与人员沟通显著正向影响体验价值。Lo Shuk Ting（2007）研究指出其他游客行为、服务场景与服务人员显著影响体验价值。C. H. Wu, R. Liang（2009b）研究发现豪华酒店的环境因素、互动交际（员工和其他顾客）会显著影响体验价值。Gieling, Ong（2016）在研究博物馆顾客体验价值过程中发现，顾客的行为动机对其体验价值的影响程度是显著的。Kim, Woo, Uysal（2015）研究认为涉入度与感知价值正向有提升体验价值的促进作用。匡红云与江若尘（2019）研究发现设施氛围、人员沟通、个性服务与创新力会显著影响体验价值。张凤超与尤树洋（2010）研究指出性别因素与学历因素会影响体验价值。马颖杰与杨德锋（2014）研究认为人际互动（顾客与员工）因素会影响体验价值。单从文、余明阳与薛可（2016）研究发现企业的品牌危机严重性与品牌危机关联度因素会影响体验价值的四个维度。

② 体验价值的后果效应　吴晓云、王建平与刘恬萍（2018）研究发现影响体验的要素会影响体验价值的高低，而体验价值的高低会影响企业品牌价值

与顾客满意程度。向坚持（2017）认为顾客对当下O2O在线的活动感知体验价值会影响顾客满意度、推荐意愿与重复购买。刘圣文、李凌与项鑫（2018）研究发现体验价值会对竞猜型体育彩票顾客忠诚度产生一定的影响。郭爱云与杜德斌（2018）研究认为微信公众号顾客体验价值会影响品牌价值创造、品牌价值提升与品牌契合。郑秋莹、姚唐、曹花蕊与范秀成（2017）研究发现体验价值会影响顾客满意度与购买意愿（持续性长期购买与交易性短期购买）。申光龙、晓东与秦鹏飞（2016）研究认为顾客互动（产品互动、人际互动）因素会影响体验价值，而体验价值会对顾客参与的价值共创产生一定的影响作用。Ahn, Lee, Back, Schmitt（2019）的研究发现，体验价值的高低会影响顾客的价值共创行为与态度及其品牌价值。Hung, Peng, Chen（2019）研究发现体验价值会对顾客满意度、归属感与行为意向产生影响作用。Ahn, Back, Barišić（2019）认为体验价值会影响顾客满足感与行为意图。Taylor, DiPietro, So（2018）研究发现体验价值会影响关系价值与口碑传播。Kim, Stepchenkova（2018）研究指出体验价值影响餐厅品牌价值、品牌契合与顾客忠诚度。Eriksson, Bäckström, Ingelsson, Åslund（2018）研究发现体验价值会带来顾客满意与顾客忠诚。王海花与熊丽君（2018）认为顾客感知的体验价值会影响顾客消费行为忠诚与内心情感忠诚。综上所述，体验价值的前因变量与后果效应见表2-10。

表2-10 体验价值的前因变量与后果效应汇总

项目	内容																	来源
	资源	管理	竞争	政策	服务	位置	沟通	互动	环境	动机	硬件	涉入度	创新力	性别	品牌	学历	感知价值	
分类	*	*	*	*														Crouch等.（2005）
	*	*	*	*	*		*											Kim（2014）
				*		*												Dong等（2013）
	*					*		*	*									Wu等（2018）
	*					*		*	*									Lo等（2007）
									*									Wu等（2009）
										*								Gieling等（2016）
												*				*		Kim等（2015）
			*		*			*					*					匡红云等（2019）
														*		*		张凤超等（2010）

续表

项目	内容																	来源
	资源	管理	竞争	政策	服务	位置	沟通	互动	环境	动机	硬件	涉入度	创新力	性别	品牌	学历	感知价值	
分类								*										马颖杰等（2014）
															*			单从文等（2016）
	*	*		*			*	*	*	*						*		吴晓云等（2018）
							*	*										申光龙等（2016）
汇总	5	3	2	2	4	2	5	6	5	2	2	1	1	1	1	1	1	2

项目	内容																	来源
	品牌价值	满意度	推荐	再购买	忠诚度	品牌创造	品牌提升	品牌契合	归属感	共创态度	共创行为	行为意图	满足感	行为忠诚	情感忠诚	关系价值	口碑传播	
分类	*	*																吴晓云等（2018）
		*	*	*														向坚持等（2017）
					*													刘圣文等（2018）
						*	*	*										郭爱云等（2018）
		*		*														郑秋莹等（2017）
										*	*							申光龙等（2016）
	*									*	*							Ahn等（2019）
		*							*			*						Hung等（2019）
												*	*					Ahn等（2019）
													*	*				王海花等（2018）
															*			Taylor等（2018）
	*		*		*													Kim等（2018）
		*			*													Eriksson等（2018）
汇总	3	5	1	2	3	1	1	2	1	2	2	2	2	1	1	1	1

2.2.3 品牌偏好研究综述

(1) 品牌偏好的概念

心理学与经济学都涉及偏好的研究，二者存在着研究上的差异：经济学是基于经济理论中的选择与决策来进行研究偏好，心理学则重点关注顾客消费行为本身来研究偏好。将经济学与行为学进行融合，尤其是将产品本身所具有的特征与偏好进行结合，这种融合视角的偏好研究是一个有潜力的研究方向（Gonzalez, 2005）。关于品牌偏好的研究，从20世纪70年代以来，就得到了营销学界的专家学者的高度重视并探索与研究。通过对品牌偏好相关文献的梳理可以发现，国内外对品牌偏好的定义尚未达成一致，定义的分歧在于学科视角的不同，因此，品牌偏好的定义经历了从心理学定义到心理学与经济学复合定义的发展。现有研究成果对品牌偏好概念的梳理主要是基于心理学视角与心理学经济学双重视角进行的。

① 心理学视角的品牌偏好

Stuart, Shimp, Engle（1987）基于消费行为理论，研究发现消费者的消费态度偏好是在产品价值或企业品牌特性、消费者购买特性、物理环境与活动情境众多因素共同影响作用下形成的。Hoyer, Brown（1990）研究认为，在购买行为发生之前，顾客早就对特定企业品牌有了既定的品位与消费偏好，只有少部分顾客在参观或体验产品时会产生临时购买冲动行为，即使顾客的购买产品的行为是无计划、无预期的，但仍然是顾客本身的固有品位与消费偏好共同作用的心理反应。Jamal, Goode（2001）认为大多数顾客在产生购买需求时，就已经有了自己对商品或服务的偏好与品位。认知心理学家研究阐述顾客消费行为的偏好，其实质就是顾客消费时态度的流露或表现行为的倾向（Crites Jr, Fabrigar, Petty, 1994）。Kotler, Gertner（2002）研究认为品牌偏好是指顾客在购买行为之前，对不同产品的企业品牌所表现出来的品牌态度倾向。向敏（2006）品牌偏好是顾客在品牌本身固有的性能特点概念与想法基础上的喜好态度。马鸿飞（2008）认为品牌偏好是顾客在消费钱，对产品的企业品牌知识与信息的掌握熟悉程度。在态度研究的基础上，大多数学者都认同顾客消费偏好有三个维度可衡量，分别是认知偏好、情感偏好与意向偏好（李祖兵，2012）。张欣瑞与雷悦（2011）认为品牌偏好是顾客在长期持续主动学习过程中与品牌相关的情感信息积累。

② 基于经济学与心理学复合视角的品牌偏好　消费者的品牌偏好基于企

业的品牌资产，品牌偏好是指顾客对企业品牌资产差异化的心理反应（Cobb-Walgren, Ruble, Donthu, 1995）。Heilman, Bowman, Wright（2000）研究指出品牌偏好是顾客基于品牌利益比较结果的差异化态度，由此产生的对特定品牌产品与服务的偏好。Czellar, Palazzo（2004）研究认为品牌偏好是顾客基于企业品牌权益差异化的判定而产生对特定企业品牌产品与服务产生的差异化态度。刁钢（2008）研究认为品牌偏好是顾客基于企业品牌的产品与服务的感知价值评估而产生的对特定企业品牌的偏爱程度，当顾客对某特定企业品牌的产品与服务的感知价值判断发现，该企业品牌价值总是高于其他企业品牌，顾客对该企业的品牌产品的消费偏好会更加明显。李娜（2016）认为品牌偏好是顾客品牌比较后对特定品牌表现出来的喜爱程度与购买意愿，品牌偏好可以显示出顾客的实际购买产品与服务的行为，是品牌忠诚形成的基础。

文章对品牌偏好的定义详见表2-11。

表2-11 品牌偏好代表性定义汇总

视角	定义	来源	总结
心理学视角	对特定品牌有计划有预期的偏好	Hoyer, Brown（1990）	①品牌认知是基础；②心理上的品牌喜好与情感；③强调主动性
	购买前对特定品牌的偏爱与品位	Jamal, Goode（2001）	
	顾客对不同品牌表现出的品牌态度倾向	Kotler, Gertner（2002）	
	顾客对品牌本身固有特性的喜好态度	向敏（2006）	
	顾客对品牌信息的熟悉程度与心理情节	马鸿飞（2008）	
	基于产品差异的品牌心理感知	赵占波与何志毅（2009）	
	顾客主动学习过程中的品牌情感积累	张欣瑞与雷悦（2011）	
	基于品牌比较对特定品牌的喜爱程度	张艳（2013）	
经济心理复合视角	顾客对品牌资产差异化的心理反应	Cobb-Walgren, Ruble, Donthu（1995）	①品牌认知是基础；②品牌权益与利益是重点；③强调主动性；④除了情感喜好，会表现出购买意愿
	基于品牌利益差异化的产品与服务偏好	Heilman, Bowman, Wright（2000）	
	基于品牌权益差异对特定品牌差异化态度	Czellar, Palazzo（2004）	
	对特定品牌的情感色彩与购买偏好的行为意向	Tingchi Liu, Anthony Wong, Shi, Chu, L.Brock（2014）；Overby and Lee（2006）	
	基于品牌价值而对特定品牌的偏爱程度	刁钢（2008）	
	情感层面对品牌产生的购买影响与触动	朱红红与孙曰瑶（2009）	

续表

视角	定义	来源	总结
经济心理复合视角	情感表现与购买行为的态度综合倾向	何佳讯（2010）	①品牌认知是基础；②品牌权益与利益是重点；③强调主动性；④除了情感喜好，会表现出购买意愿
	基于品牌信息对品牌差异化的强烈偏好	李世杰与蔡祖国（2016）	
	对特定品牌的喜爱程度与购买意愿	李娜（2016）	
	基于品牌价值评判的差异化感知	丁勇、肖金川与朱俊（2017）	
	基于情感与象征价值对品牌的理性选择	李倩倩与崔翠翠（2018）	

综上所述，基于心理视角与经济心理复合视角的品牌偏好概念，二者存在一定的联系与差异。两个视角的定义都体现了对品牌的比较与判断，从消费者行为上看，都是顾客的主动了解行为；但心理学视角的品牌偏好强调顾客心理上的品牌喜好与情感，经济学与心理学复合视角的品牌偏好重点考虑了品牌权益与利益，除了情感上的喜好，还包括了再购买意愿。基于此，文章对品牌偏好概念的界定为品牌偏好是顾客在消费之前对某一特定企业品牌的产品或服务的特征属性表现出来的带有较强个人情感色彩与购买倾向的行为意向。

（2）品牌偏好的维度和测量

陈国明与彭文正（2011）认为变量概念主要是用来表达研究中需要被观察、被操作与被测量的概念，这些变量概念可以分解为不同的维度，如果维度所具备的特性还不足以测量概念，这时候就需要更明确的指标来测量这些维度。有些概念具有明确简洁的意涵，或维度可以直接以单一指标来测量，这时维度单一，指标也是唯一；有的概念意涵较为复杂，不容易用单一维度、单一指标或问卷中的单一题项表达清楚，此时就需要多重指标。认知心理学家探索与研究品牌偏好时，认为其实质就是顾客对某企业产品品牌的态度流露或行为表现倾向，赵占波与何志毅（2009）研究认为偏好其实应该包含顾客对产品的认知、情感与行为。

M.J.Sirgy等（1997）在研究中用五个问项来测量顾客对企业品牌偏好的两个维度内容。杨腾蛟（2008）将品牌偏好划分为品牌信任与情感偏好两个维度，通过信任与情感间接测量品牌偏好。李祖兵（2012）用认知、情感与行为三个维度四个问项来测量品牌偏好。何玲珠（2015）从单一的行为维度六个问题测量品牌偏好。李君豪（2016）研究认为将品牌偏好细分为认知与情感两个维度，并用五个问项对其进行测量。谭竹芸（2016）认为将品牌偏好细分为认知、情感与行为三个维度，用15个问项来测量品牌偏好。其他学者大多数选择认知、情感与行为意向三个维度中的部分维度对顾客企业的品牌偏好进行测量，部分品牌偏好维度与测量汇总见表2-12。

表2-12 品牌偏好维度与测量汇总

维度	测量	来源
情感	喜爱、习惯、情感、	张艳（2013）
	访问频率、购买可能性与确定性等六个问项	何玲珠（2015）
认知	好、喜欢、高质量、满意、愉快	Sirgy Grewal（1997）
	了解、喜爱、思念	Keller（2003）
情感	接触、偏爱、想念	王海忠、于春玲与赵平（2006）
	突出、喜爱、质量、认同、愉悦	应爱玲与朱金福（2007）
	质量、价格、口碑、知名度、形象	贺和平与苏海云（2012）
	印象好、喜爱、高质量、满意、愉快	郭鹏、李兵与梁辉煌（2014）
	了解、价值、认同	崔楠、徐岚与刘洪深（2015）
	了解、吸引、偏爱、想念、持续联系	李君豪（2016）
	接触、喜爱、想念	赵洋（2017）
	评价、口碑、价值、偏爱	李倩倩与崔翠翠（2018）
情感	喜爱、频繁使用、偏爱、购买	A. Jamal, M. Goode（2001）
	期望、偏爱、购买	Yoo, Donthu（2001）
行为	吸引、偏爱、购买	C. Chen, Y. Chang（2008）
	稀缺、独特、喜爱、价值、购买	戚海峰（2008）
	情感、购买	赵占波与何志毅（2009）
	吸引、使用、偏爱、购买	李祖兵（2012）
	期望、吸引、偏爱、购买	王鹏与黄谦（2014）
	吸引、喜爱、购买	李娜（2016）
	期望、憧憬、购买	李世杰与蔡祖国（2016）
	憧憬、吸引、喜爱、购买	陈潇、王鹏与赵欢（2016）
	期望、喜爱、购买	沈璐、庄贵军与姝曼（2016）
	吸引、偏爱、购买	戢守峰、姜力文与赵丹（2017）
	情感依赖、倾斜、互动等六个问项	丁勇、肖金川与朱俊红（2017）
	了解、偏爱、购买	马鸿飞（2008）
	信赖、喜爱、形象、价值、信誉、购买	杨松、庄晋财与唐步龙（2018）

续表

维度	测量	来源
认知	印象、质量、专业化、购买意愿等十个问项	从春红（2015）
情感	经济、愉悦、印象、关注等十五个问项	谭竹芸（2016）
行为	了解、价值、情感、购买	张耘堂与李东（2016）

评价：大多数学者选择从情感行为与情感认知两个维度来测量品牌偏好，区别在于情感行为强调品牌偏好是基于品牌情感而产生的积极行为，认知情感强调的是顾客基于认知而产生品牌情感。也有部分学者采用了情感单维度与认知情感行为三维度的测量。不管是基于哪一种维度进行品牌偏好的测量，情感都是基础

综上所述，本研究中，品牌偏好被作为概念测量，具体测量量表见第3章研究设计部分。

（3）品牌偏好的前因变量和后果效应

① 品牌偏好的前因变量　顾客在进行批评选择时，会受到多种因素的影响，通过对现有研究成果的梳理，批评偏好的前因变量可以分为"商品相关的因素""顾客相关因素"与"外部因素"三大类别。

a. 商品相关因素　首先，商品本身因素会影响顾客品牌偏好。产品本身具有功能价值、品牌价值与社会价值等综合属性，顾客在选择购买产品时自然会受到来自产品自身属性的影响。Degeratu, Rangaswamy, Wu（2000）研究认为商品的价格是影响顾客内心预估商品价格的敏感性与品牌偏好的重要因素。Southworth, Ha-Brookshire（2016）研究发现，顾客习惯性用价格因素辨识产品品牌，从而影响品牌偏好。Böhm, Adam, Farrell（2015）对智能手机的顾客使用行为研究发现，智能手机顾客主要依赖价格、尺寸、内存等产品与价格的综合属性（产品性价比）来判定品牌的喜爱。Romeo, Dodds（2015）研究认为价格因素会影响顾客对产品质量的判定，进行影响到顾客品牌选择。马鸿飞（2008）研究认为顾客的品牌偏好是在对企业品牌认知过程中逐渐形成的，企业的产品质量、包装、商标与服务等因素会影响顾客的品牌偏好。杨升荣、徐飞与陈洁（2009）运用多项Logit模型对顾客在线品牌选择行为进行研究时发现，价格会显著影响顾客的品牌选择。

其次，品牌偏好也受到营销变量的影响。Teoh, Gaur（2019）研究认为社会大环境影响主要通过环境关注与对环境友好型产品的态度的方式间接影响顾客的品牌偏好。Kronrod, Huber（2018）认为具有较大广告曝光度的品牌随着时间的推移从较低的偏好变为较高的偏好。DelVecchio, Henard, Freling（2006）

研究认为促销与产品推广活动会增强或削弱顾客的品牌偏好，至于影响强弱，主要在于促销与推广的针对性。Barroso, Llobet（2012）研究发现广告会影响顾客的品牌选择行为，广告可以增强顾客的品牌意识，提高顾客当前产品或未来产品的消费，不同广告投入对顾客品牌选择有显著影响。在广告对品牌偏好的影响上，Kuamar, Singhal, Kamboj（2013）认为针对理性顾客与感性顾客采用不同的广告会吸引他们对同一品牌的购买。Karadeniz（2013）认为顾客会通过不同广告获得与产品或服务的不同信息，从而产生对品牌的不同态度。Neslin等（2014）研究发现，营销管道与品牌的有机融合可以揭示顾客的品牌选择行为。黎春燕与李伟铭（2012）研究指出广告与促销等营销因素会影响顾客的品牌选择。申成霖、侯文华与张新鑫（2013）研究顾客的消费行为时，以在线的顾客与线下的顾客为例对其进行分析发现，混合的管道模式可以增强产品选择的便利性，吸引不同市场细分的顾客，从而更好地满足不同顾客需求并有效提高品牌市场渗透率，增强顾客品牌选择的偏好。刘勇与赵保国（2014）基于Mix Logit Model研究指出，促销方式会影响顾客品牌选择，其中礼品、打折等促销方式的营销手段带给顾客实实在在的具体利益，这使顾客对企业的品牌选择影响程度是最大的。Bell, Buchner（2018）研究结果表明，破坏性广告可以有效地提高品牌偏好，这可能有助于解释这种广告在实践中的广泛使用。但是，在推荐使用破坏性广告之前，应该考虑到它也可能具有副作用。

再次，由商品的自然属性、名称、包装、价格以及企业信用声誉等综合因素构成的品牌，是影响顾客对企业品牌的选择的重要因素（赵占波、何志毅，2009）。

综上所述，站在与商品相关的层面进行分析，影响顾客品牌偏好选择的因素主要分成两类：一类是价格、质量、功能、包装等产品属性；另一类是由广告、管道与促销等组成的营销因素。

b. 顾客相关因素　　王鹏、黄谦与陈茗婧（2019）指出品牌来源地、购买体验、感知质量会影响品牌偏好。Hu, Qiu, Wan, Stillman（2018）研究认为品牌拒绝通过感知品牌地位的调节来影响品牌偏好。Mandrik, Bao, Wang（2018）在中美代际品牌偏好影响研究发现美国母女双子座的品牌偏好协议水平高于中国同行；然而，中国女儿对母亲的影响程度远远大于美国。作者进一步发现，两个潜在的主导因素促成了观察到的跨国差异；母女传播在美国比在中国更强大但影响力更小，而儿童的同伴影响（以同龄人的信息影响衡量）在美国比在中国更弱但更有影响力。Shu, Strombeck（2017）研究认为民族中心主义通过自我形象一致性的行为意向来影响品牌偏好。Iglesias, Singh, Batista-Foguet

（2011）利用结构方程模型发现，顾客个人经历中的商品体验（感觉、情感、认知与行为方面的反应）感知对企业品牌偏好有显著的正相关影响。Shamsher, Chowdhury（2012）研究指出职业对顾客品牌选择会有影响，上班族更倾向于便利、轻松的购物体验。Amaro, Duarte（2015）对在线旅游者消费行为的研究指出，顾客态度与风险感知会影响品牌选择与购买行为。He, Wang（2015）研究发现文化意识可以强化顾客对国产品牌的偏好。张薇与瞿麟（2006）认为人口统计学特征中的收入、教育与年龄差异会影响顾客品牌选择，其中中等收入以上的群体对品牌选择的偏好程度更强烈。邹德强、王高、赵平与王燕（2007）研究发现顾客的性别因素对品牌选择有显著的影响，消费者个人收入水平的差异会直接影响到顾客对企业品牌层次的选择。吴波、李东进与谢宗晓（2014）认为人口统计学特征中的年龄、性别、学历与平均月收入等会显著影响顾客的品牌偏好。王鹏与黄谦（2014）研究发现购买经历与品特性感知对顾客品牌偏好存在显著影响，其中购买经验的差异对品牌偏好有不同程度影响，有经验的顾客对本土品牌更容易形成较高的评价与品牌偏好。刘满成、石卫星与章华东（2015）研究发现，年龄会影响顾客对在线购买品牌的选择。

综上所述，基于人口统计学信息，消费者的年龄、性别、收入水平、教育程度以及其购买体验与感知风险都是影响顾客品牌偏好的基本因素。

c. 外部因素　Tingchi Liu, Anthony Wong, Shi, Chu, L. Brock（2014）研究发现企业社会责任在品牌认知的调节作用下会显著影响顾客品牌偏好。陶宇红、井绍平与周庆元（2011）关于顾客绿色品牌偏好变化及趋势进行研究时发现，顾客消费群体所表现出来的行为特征会显著影响品牌偏好。赵红燕与薛永基（2015）在对在线评论与品牌偏好的影响研究中指出，网络评价中的他人推荐会显著影响顾客品牌偏好，通过主管规范与行为态度的方式会进一步对顾客忠诚产生影响。

② 品牌偏好的后果效应　Liu, Liu, Zhang（2019）研究认为感知企业品牌产品质量高低、品牌影响力大小会直接影响品牌偏好，而品牌偏好会进一步影响顾客对品牌的总体评价。高振峰（2019）对体育特色小镇品牌竞争力研究发现，品牌美誉度与知名度会影响品牌偏好，品牌偏好会影响品牌影响力与竞争力。Wymer, Casidy（2019）研究指出，品牌实力、顾客对品牌熟悉度、品牌态度与品牌重要性四个因素会对品牌偏好产生显著的影响，而品牌偏好在很大程度上影响品牌口碑传播。李豪、高祥、姚琦与彭庆（2018）在基于家庭计划的航空客运定价策略研究中发现，品牌偏好会影响定价策略与公司收益。张晓东与何攀（2018）研究指出企业的品牌识别与品牌形象两个因素会影响顾客的

品牌偏好，而品牌偏好会进一步影响顾客对企业品牌下的产品与服务的满意度与忠诚度。Liu, Song, Liu, Lu（2018）探索与研究中国新型汽车市场的过程中，认为顾客对汽车品牌的消费偏好会直接影响到企业在市场竞争中的差异化策略、市场空间集中度以及产品收益空间。Ibidunni等（2018）研究指出当下的名人效应主要体现在品牌感知的调节方面，对品牌偏好产生影响，进而影响顾客的品牌忠诚。An, Wei, Zhang（2018）研究认为校园公共自行车的感知质量和感知价值对品牌偏好、消费者满意度、口碑与忠诚度产生积极影响。Mandrik, Bao, Wang（2018）认为品牌偏好和消费者满意度对消费者忠诚度产生积极的中介影响，而品牌偏好的力量强于消费者满意度。Zhang, Choi（2018）研究发现产品预告会通过品牌熟悉度与信息清晰度影响品牌偏好，品牌偏好会影响沟通策略效果。万珍妮、马晓云与方姣姣（2018）研究认为品牌LOGO中存在的民族符号或者品牌本身蕴含民族意义会影响品牌偏好，而品牌偏好会进一步影响品牌忠诚。Amoako, Anabila, Asare Effah, Kumi（2017）研究发现广告呈现营销效果的推广方式与品牌偏好之间存在着显著的正相关关系，同样，品牌偏好与顾客忠诚之间存在着显著的正相关关系，品牌偏好明显影响企业的创新与绩效。何佳讯、吴漪、丁利剑与王承璐（2017）研究发现文化认同会影响品牌偏好，品牌偏好会影响市场细分与购买行为。蒋廉雄、战男、朱辉煌与吴水龙（2017）研究指出品牌原型驱动通过品牌创新感知的中介作用影响该品牌偏好，品牌偏好影响顾客忠诚与创新绩效。Gupta, Malhotra, Czinkota and Foroudi（2016）研究发现本土品牌特征会影响品牌偏好，品牌偏好会影响品牌忠诚与创新。

综上所述，品牌偏好的前因变量与后果效应见表2-13。

表2-13 品牌偏好的前因变量与后果效应汇总

维度	品牌偏好前因变量内容								来源
	价格	质量	性价比	包装	服务	声誉	营销	广告	
商品因素	*								Degeratu等（2000）
	*	*							Southworth等（2016）
	*	*	*						Böhm等（2015）
	*	*	*	*					Romeo等（2015）
		*		*		*			马鸿飞（2008）
	*					*			杨升荣等（2009）
						*	*	*	Teoh等（2019）
		*					*	*	Kronrod等（2018）

第2章 研究理论与文献综述

续表

维度	价格	质量	性价比	包装	服务	声誉	营销	广告	来源
商品因素			*				*	*	Delvecchio等（2008）
						*		*	Barroso等（2012）
		*	*					*	Kuamar等（2013）
		*			*			*	Karadeniz（2013）
					*	*	*		Neslin等（2014）
					*		*	*	黎春燕等（2012）
					*	*	*		申成霖等（2013）
		*	*		*	*			刘勇等（2014）
					*		*	*	Bell等（2018）
	*	*		*			*		赵占波等（2009）
		*				*			Liu等（2019）
		*			*	*			高振峰（2019）
	*	*	*		*	*			Wymer等（2019）
汇总	7	12	6	2	10	10	9	9	

维度	代际	感知	体验	态度	性别	收入	教育	年龄	职业	来源
顾客因素		*	*							王鹏等（2019）
		*	*	*						Hu等（2018）
	*	*	*							Mandrik等（2018）
	*	*	*	*						Shu等（2017）
			*	*						Iglesias等（2011）
		*						*		Shamsher等（2012）
		*		*						Amaro等（2015）
	*			*						He等（2015）
						*	*	*		张薇等（2006）
					*					邹德强等（2007）
					*	*	*	*		吴波等（2014）
		*	*							王鹏等（2014）
									*	刘满成等（2015）
汇总	3	7	6	5	2	3	2	3	1	

续表

维度	品牌偏好前因变量内容							来源
	价格	质量	性价比	包装	服务	声誉	营销	广告	
	企业责任		品牌认知		消费群体		他人推荐	来源
外部因素	*		*					Liu等（2014）
			*		*			陶宇红等（2011）
					*		*	赵红燕等（2015）
汇总	1		2		2		1	

			品牌偏好的后果效应						来源
品牌评价	影响力	竞争力	口碑	策略	收益	满意度	忠诚	创新	来源
	*	*							高振峰（2019）
*									Liu等（2019）
			*						Wymer等（2019）
				*	*				李豪等（2018）
						*	*		张晓东等（2018）
	*	*		*					Liu等（2018）
									Ibidunni等（2018）
			*			*	*		Wei等（2018）
*						*	*		Mandrik等（2018）
			*	*					Zhang等（2018）
							*		万珍妮等（2018）
					*		*	*	Amoako等（2017）
*			*						何佳讯等（2017）
					*		*	*	蒋廉雄等（2017）
							*		Gupta等（2016）
3	2	2	4	4	4	3	7	3	

2.2.4 品牌忠诚研究综述

（1）品牌忠诚的概念

品牌忠诚一直以来都是学界与业界共同关注的重要话题，品牌忠诚可以建立企业的市场消费客户，进而提高企业经营的财务绩效，从而增强其竞争实力与发展优势（Kim, Morris, Swait, 2008）。学者关于品牌忠诚的研究开始于20世纪20年代，"品牌持续性"在1923年由Copeland研究而提出，最早被学界一致认为是与品牌忠诚相关的概念（李嘉琪，2018）。品牌忠诚的概念最早由Brown（1953）提出，从顾客消费的同一行为的持续性次数来对品牌忠诚的概念进行界定，即当顾客的消费行为出现不间断购买同一品牌产品，而且购买的次数超过四次，这样的行为就是品牌忠诚（李垒，2017）。本研究梳理与整合相关的现有文献资料，发现国内外专家学者对品牌忠诚的定义的侧重点不同，归纳起来主要集中在行为论、态度论与综合论三个视角。

① 行为论视角　早期关于品牌忠诚的研究成果主要体现在顾客对某一企业品牌的产品与服务的重复性购买行为，研究认为顾客的这种重复性购买行为在一定程度上其实是顾客对企业品牌的一种承诺，每当顾客有消费需求时，即使存在多种品牌选择或更多其他品牌利益刺激，顾客仍然会坚持购买其所认定的品牌（Oliver, 1999）。这种品牌忠诚的消费行为就是基于行为视角的品牌忠诚，也叫行为品牌忠诚。基于单一行为论视角的品牌忠诚的定义无法解释顾客产生忠诚的消费行为的心理活动与本质原因，基于顾客忠诚度产生的原因众多，导致企业无法有针对性地对顾客忠诚的消费行为的培养采取有效措施和手段，更无法做到对顾客忠诚行为的有效引导，即使行为视角的顾客忠诚也可以量化，但基于定义的狭隘与缺失，已经被其他更全面的观点所取代（陈小静，2018）。基于行为论视角的部分代表学者对顾客忠诚的概念进行界定，详见表2-14。

表2-14　行为论视角的品牌忠诚定义

内容	来源	评价
顾客连续三次发生的重复购买行为	Tucker（1964）	①忽视了顾客的心理状态； ②忽略了客观环境的影响； ③没有关注到品牌忠诚的影响
不考虑别的品牌而重复购买某品牌的行为	Newman, Werbel（1973）	
顾客对特定品牌的持续性消费行为	Jacoby等（1978）	
对特定品牌的偏好并持续充分购买的行为	Assael（1984）	
购买某一产品或服务占比明显偏高的行为	Raj（1985）	
基于愉悦购买体验而产生的品牌偏好程度	Aaker, Equity（1991）	
顾客对特定品牌惠顾的行为偏好	Keller（1993）	
基于品牌口碑而持续购买此品牌的行为	Zeithaml等（1996）	
顾客对于某品牌相对购买频次的函数	Ha（1998）	
多品牌选择与利益下持续购买的行为	Oliver（1999）	
顾客对产品与品牌的重复购买与推荐行为	Hur, Ahn, Kim（2011）	
不顾品牌宣传与利益，坚持购买的行为	陈小静（2018）	

② 态度论视角　基于行为论视角的顾客忠诚无法解释顾客对同一产品与服务的重复购买行为的本质原因及其带来的影响，专家学者对品牌忠诚进行了更深层次的探索与研究，于是出现了基于态度视角下的顾客忠诚，态度忠诚得到了学界与业界的重视（Shang, Chen, Liao, 2006）。态度论视角的顾客忠诚立足于对顾客重复购买行为的更合理与有效解释，于是产生了从心理及情感角度阐述顾客持续重复购买某一品牌的观点，关于态度论视角的品牌忠诚的概念的界定，部分代表学者观点详见表2-15。

表2-15　态度论视角的品牌忠诚定义

内容	来源	评价
遇到类似消费情境，对品牌的态度意愿	Jacoby（1978）	①意愿与承诺较难量化；②体现了顾客未来消费可能性；③重视品牌忠诚心理作用，忽视顾客的行为结果
顾客对某一品牌长久持续不变的积极态度	Reynolds, Gutman（1984）	
基于以往品牌购买体验而产生的品牌偏好	Deighton等（1994）	
对产品与品牌产生的归属感与积极情感状态	Hallowell（1996）	
基于愉悦购买体验而产生的重复购买意愿	Gremler, Brown（1996）	
对品牌偏爱，对竞争品牌敌对的态度与行为	Muniz, O'Guinn（2001）	
品牌忠诚顾客比其他顾客做出更多品牌承诺	Baloglu（2002）	
心理作用而对品牌产生的易感性偏爱与承诺	Russell等（2007）	
在消费过程中对品牌的认知、情感与行为	Shang等（2006）	
品牌推荐的同时，对竞争品牌产生敌对行为	Divakaran（2013）	
对重复购买与首选产品服务根深蒂固的承诺	Lee等（2015）	
避免工具与功能性动机而产生的复购意向	杨立娟（2017）	

③ 综合论视角　Kim, Morris, Swait（2008）与Kuo, Feng（2013）认为仅仅关注品牌忠诚中行为或态度的某个单一方面很可能会导致虚假行为与态度的出现。基于行为论视角无法解释重复购买的本质原因，无法从本质上解释忠诚；态度论视角从心理与情感层面分析忠诚，难以科学与定量地对品牌忠诚进行测量，于是出现了基于综合论视角的品牌忠诚概念（陈小静，2018）。品牌忠诚是基于行为学理论与心理学理论，属于这两者的交叉范畴，于是大多数学者认同品牌忠诚包含多种成分，其中有行为与态度双重的组成成分，顾客的行为与态度的忠诚构成了品牌忠诚（朱玲，2018）。以上的论述是从综合论视角来界定品牌忠诚的概念，部分代表学者的观点详见表2-16。

表2-16 综合论视角的品牌忠诚定义

内容	来源	评价
对品牌积极的态度与持续购买的行为	Day（1976）	
对特定品牌偏好带来的重复持续购买行为	Assael（1984）	
是态度与行为的复合体，既要体现顾客实际购买行为，也要体现对特定品牌的长期承诺与情感偏好	Dick, Basu（1994）	
顾客在消费时行为与态度都忠诚的行为	Rubinson等（1996）	①关注了顾客重复购买背后的原因；
对某品牌偏好而导致的重复持续购买行为	Farr, Hollis（1997）	②考虑到了顾客对品牌的积极态度；
复购行为忠诚与深度品牌承诺的态度忠诚	Yi, Jeon（2003）	③考虑到了品牌忠诚的主客观因素，较为全面综合
品牌的持续购买、口碑传播与推荐行为	刘新与杨伟文（2012）	
对品牌行为与态度忠诚导致的忠诚行为	吕明军与梁文光（2014）	
选择品牌时一种长期存在的行为反应	张明立、唐塞丽与王伟（2014）	
品牌有利的态度并长期一致性购买行为	Zhang Benyoucef等（2016）	
对特定品牌重复购买行为与态度偏爱	王雅倩（2018）	
品牌忠诚包含行为与态度双重成分，行为忠诚与态度忠诚构成了品牌忠诚顾客在消费过程中所形成对品牌的积极有利态度与一致性持续购买行为	朱玲（2018）	
	董学兵（2018）	

综上所述，本书参考借鉴了董学兵等（2018）的综合论品牌忠诚定义，从行为与态度的综合视角来界定品牌忠诚，认为品牌忠诚是顾客在消费产品与服务的过程中所形成的对企业品牌的积极有利态度与一致性持续购买行为。

（2）品牌忠诚的维度与测量

如何测量品牌忠诚，对企业品牌营销战略的效率与效益有非常重大的影响，科学正确的测量方式可以有效提升企业品牌营销的针对性与有效性（许春武，2016）。关于品牌忠诚的维度与测量，学界并没有达成较为统一的标准，通过对现有文献研究的整合与梳理，结合品牌忠诚的定义进行梳理，品牌忠诚的测量方式的主要测量维度有三种，即行为维度测量、态度维度测量与态度-行为综合维度测量，具体如下。

① 行为维度测量 行为维度测量是用顾客重复购买行为的次数来测量品牌忠诚。Baldinger, Rubinson（1996）认为将顾客对特定企业品牌的产品与服

务的购买频率作为测量品牌忠诚的主要指标，当顾客对企业的服务或产品的需求中，特定企业品牌的产品与服务能够满足顾客50%以上的需求则是高度忠诚，满足顾客10%～40%的需求则是中度忠诚，满足顾客的需求程度低于10%则是低度忠诚。Cunningham（1967）认为以顾客对某一企业品牌的产品与服务的重复购买频率来衡量品牌忠诚的高低。Berger等（2002）认为品牌忠诚可以用顾客再次购买某品牌的频率与购买该品牌占总的购买次数百分比两个指标来测量。

Telang, Wattal（2005）以顾客访问购物网站的频率与停留时间作为购物网站品牌忠诚的主要测量指标。Hankinson（2005）以顾客对某一企业品牌的产品与服务的消费支出所占比例来测量顾客品牌忠诚度，认为在特定时间内，顾客对单一品牌的产品与服务的消费支出占总支出的比例越大，则顾客对其支持力度越大，品牌忠诚度越高，否则顾客对其支持力度越小，品牌忠诚度越低。符国群与佟学英（2003）认为品牌忠诚的测量方式可采用指标来测量，其具体指标是：一是重复购买频率；二是支付费用；三是购买比重；四是总体数量。与此类似的观点还有屈云波（1996）与王元勇（2002），他们研究指出测量品牌忠诚的指标除了学者提出的四项，还应添加再次购买率、购买百分比与购买数量这三项。裘晓东与赵平（2003）研究发现品牌忠诚的测量指标除了顾客重复购买频率，还把转移效用与转移成本这两项纳入。

行为单维度测量是基于顾客对企业的服务与产品的实际消费行为的总和，这种观点认为顾客在一定时间段内对特定企业品牌产品的服务的持续购买次数的行为就是品牌忠诚。但这种方式没法准确测量顾客产生重复购买行为背后的动机。如果顾客产生重复购买行为是基于顾客本身的冲动购买、消费惯性、企业促销优惠活动与消费便利性等与顾客的内心情感、品牌忠诚无关的内外因素，那么这种行为的重复购买并不是真正意义上所认同的基于品牌忠诚的购买行为，而是一种虚假的品牌忠诚的消费行为。基于此，采用行为单维度测量品牌忠诚具有明显的片面性。

② 态度维度测量　态度维度测量主要是以顾客的消费态度偏好来测量品牌忠诚程度。Aaker（1992）研究发现品牌忠诚的测量指标中，最核心的两个指标是继续购买意愿与向他人推荐，Aaker（2009）在研究中用品牌偏好、尊敬、信任与亲切感作为品牌忠诚的四个测量内容。Oliver（1999）研究认为顾客是否具有购买意愿可以成为品牌忠诚的一个重要测量指标，更加关注与重视顾客的品牌偏好，并围绕三个维度，即情感性、认知性与意欲性来测量品牌忠诚。Gralpois（1998）在研究过程中，基于品牌态度，创建了偏好量表可测量顾客

的品牌忠诚。Bennett, Rundle-Thiele（2002）认为品牌忠诚是由品牌态度忠诚与顾客自身态度忠诚两部分构成：品牌态度忠诚是由品牌偏好度、品牌满意度以及向他人推荐意愿三个方面构成；顾客自身的消费态度主要是顾客处于无约束轻松的物理环境中表现出来的态度反应。

从单一态度维度测量品牌忠诚，重点关注顾客的购买态度与品牌偏好态度，在测量整个过程中，过度依赖顾客的心理偏好，容易导致主观性太强而忽视客观性的问题。同时，即使顾客对某企业品牌的产品与服务有一定程度上的偏好，也不一定会使顾客产生购买行为，所以态度测量法在范围上存在一定的局限性。

③ 态度-行为综合维度测量　由于行为维度测量难以准确测量顾客重复购买背后产生的原因，可能会造成虚假忠诚；态度维度测量关注重点在顾客的心理偏好，主观性较强，对客观事实与环境的关注不够，因此基于重复购买与品牌偏好的态度-行为综合维度测量是目前在学术界众多学者研究中使用最广泛、最受认可的方式。品牌忠诚不仅仅是顾客在购买行为上保持持续稳定的重复多次购买，而且是顾客内心情感对企业品牌保持积极的支持态度。

Rubinson, Baldinger（1996）研究认为，对顾客而言，真正的品牌忠诚是指行为与态度的忠诚，二者有机结合构成了品牌忠诚。Park（1996）与Nam, Ekinci, Whyatt（2011）坚持品牌忠诚的多维度性，也赞同行为与态度的忠诚共同构成了真正意义上的品牌忠诚，在测量顾客品牌忠诚时，需要测量行为与态度忠诚两个方面的详细内容。Chaudhuri, Holbrook（2001）通过自我鉴定与自身意愿来测量态度忠诚，认为测量态度忠诚的前提是将顾客的情感量化。Berger等（2002）将顾客对产品的重复购买次数与向他人推荐的频率作为测量品牌忠诚的两个重要指标。Harris, Goode（2004）研究认为顾客在消费产品时，情感、行为、态度与意向四个方面的忠诚可测量品牌忠诚，更加详细地划分了品牌忠诚的维度。Hawkins, Vel（2013）研究阐述顾客购买特殊品牌与产品的行为、对周围人的口碑传播与品牌承诺这三个要素可测量品牌忠诚。周云与朱明侠（2015）研究指出品牌忠诚的测量计算方式不是以单个或者几个顾客为测量对象，而是测量品牌忠诚者的人数占目标人群的总数的占比，以测量对象的对品牌产品的重复购买率高低与购买犹豫时间长短作为测量品牌忠诚的两个重要指标。态度行为综合测量主要从态度忠诚与行为忠诚的角度分别测量品牌忠诚，既考虑到了顾客重复购买行为的持续发生背后的原因，也关注到了顾客对企业品牌的积极态度与良好感觉，因此，本章倾向于从行为忠诚与态度忠诚两个方面来测量顾客的品牌忠诚，具体测量量表见第3章研究设计。

综上所述，品牌忠诚的维度与测量详见表2-17。

表2-17　品牌忠诚维度与测量

维度	内容	来源
行为维度	重复购买率	Cunningham（1967）
	购买率	Baldinger, Rubinson（1996）
	购买率、购买百分比、购买数量	屈云波（1996）；王元勇（2002）
	购买频率、购买占比	Berger等（2002）
	重复购买、费用、购买比重、数量	符国群与佟学英（2003）
	复购率、转移效用、转移成本	裘晓东与赵平（2003）
	访问频率、停留时间	Telang, Wattal（2005）
	消费支出比例	Hankinson（2005）
	重复购买意愿	Carroll, Ahuvia（2006）
		尹世民、牛永革与李蔚（2016）
态度维度	偏好、尊敬、信任	Aaker（1992）
	偏好、信任、亲切	Gralpois（1998）
	情感性、认知性、意欲性	Oliver（1999）
	品牌态度忠诚、自身态度忠诚	Bennett, Rundle-Thiele（2002）
	品牌偏好、尊敬、信任、亲切感	Aaker（2009）
综合维度	行为忠诚、态度忠诚	Dick and Basu（1994）；Park（1996）
		Keller（2001）；Sung, Campbell（2009）
		李先国与段祥昆（2011）
	自我鉴定、自身意愿	Nam, Ekinci, Whyatt（2011）
		Chaudhuri, Holbrook（2001）
	重复购买、品牌推荐	Berger等（2002）
	情感-行为-态度忠诚、意向忠诚	Harris, Goode（2004）
	口碑、推荐、首选、重购意愿	Jang等.（2008）；董学兵（2018）
	购买行为、口碑传播、品牌承诺	Hawkins, Vel（2013）
	行为忠诚、品牌承诺、品牌依恋	张明立、唐塞丽与王伟（2014）
	复购、品牌推荐、抵制竞争品牌	Madupu（2006）；陈李红（2016）
	重复购买率、购买犹豫时间	周云与朱明侠（2015）
	推荐意愿、购买意愿、情感意愿	Labrecque（2014）；黄敏学（2015）
		朱丽叶、袁登华与张红（2018）

评价：行为维度关注的是顾客购买数量、重复购买率、停留时间等购买行为；态度维度强调的是顾客对品牌本身的积极态度；综合维度既关注顾客的购买行为，同时也强调了顾客对品牌本身的积极态度，也是本书所借鉴的来源

（3）品牌忠诚的前因变量与后果效应

① 品牌忠诚的前因变量　众多内外因会直接影响到顾客的品牌忠诚，现有研究显示：顾客参与，品牌感知价值与顾客满意因素，产品质量、产品特色、消费环境与顾客偏好一致性、持续稳定正面的广告与形象、稳定的顾客群体（Vera, Trujillo, 2017），产品、价值、品牌与环境的认知，满意与偏好等都会影响到顾客忠诚（Yu, Dean, 2001）。通过对国内外现有文献的整合与梳理，可以发现顾客与品牌关系、产品与品牌属性、营销策略及环境是影响品牌忠诚的三个主要方面。

a. 顾客与品牌关系　顾客在接触到企业产品或品牌的过程中会对其产生价值感知、情感感知以及体验感知，从而形成顾客对品牌的态度与情感，在此基础上顾客表现出自我-品牌联结、承诺、信任与满意四个维度，从而构成顾客品牌关系（Morgan, Hunt, 1994）。Aaker, Fournier, Brasel（2004）研究发现，承诺、亲密、满意与自我联结这四要素可以很好地描述品牌关系。

Spott, Szellar, Spangenberg（2006）认为顾客个体的自我-品牌联结会在一定程度上促进顾客的品牌态度及对品牌与产品情感的形成，这种态度与情感构成了顾客对品牌忠诚的认知维度，顾客自我-企业品牌之间的联结可以促进品牌忠诚的发展。张初兵与侯如靖（2013）研究指出顾客在消费中有着理想自我概念的一致性，能够通过产品的品牌认同的中介作用来促使顾客形成较高的品牌忠诚。赵耀升（2016）认为自我-品牌联结促进了顾客品牌忠诚在程度上的提高。顾客对某企业的品牌持有积极的意识与态度，会逐渐发展为一种对企业品牌的信念，此时顾客心中会对企业的品牌产生一种理性消费偏好。基于理性的消费偏好，顾客在情感上会与企业的品牌产生一种共鸣，对品牌形成依赖感，在一定时间内反复持续稳定地产生购买动机与购买行为，当顾客的这种行为与动机超过一定的阈限（Cunningham, 1967），就会产生顾客忠诚。Zarei, Mahmoodi Pachal（2019）研究发现品牌资产对服务水平有影响，进行影响到品牌忠诚。Dewnarain, Ramkissoon, Mavondo（2019）提出新的CRM形势即社会客户关系管理（SCRM），研究发现社交媒体技术、客户参与会影响品牌忠诚，品牌忠诚会给企业带来积极口碑与保持市场的持续竞争力。Song, Wang, Han（2019）在研究咖啡店顾客品牌忠诚的过程中，认为企业的品牌形象、顾客满意度、信任与品牌依恋可以培育顾客品牌忠诚。Jin（2018）研究认为价值共创与品牌联结可以带来顾客品牌忠诚。

品牌承诺是指消费者在情感及心理方面对企业品牌的依赖程度。品牌承诺促使消费者更加看重该品牌下的产品，并愿意花费更多时间、精力来消费与体验该品牌带来的愉悦享受，顾客积极的品牌承诺有助于促进顾客与品牌的良性关系形成，从而带来顾客忠诚（Shukla, Banerjee, Singh, 2016）。王秀宏、杨立娟与马向阳（2017）认为品牌承诺可以提高顾客对产品的赞许，从而保证顾客较高程度的购买意愿。品牌信任、满意都会通过品牌承诺的中介作用，正向促进品牌忠诚与再购买意愿，品牌满意会直接提升品牌忠诚（Erciş, Ünal, Candan, Yildirim, 2012）。

信任是基于其他人目的与行为而做出的正向评价预期，从而表现出自己的心理状态，其本身就是一种意愿与期望。品牌信任可以改善顾客对待产品的态度与意愿，是构成顾客品牌忠诚的重要因素之一（董向东，2018）。基于企业品牌的信任，顾客在消费过程中，体验产品与服务时的风险感知降低了，低风险感知偏好可以促进顾客产生购买决策（Fandos Herrera, Flavián Blanco, 2011）。基于信任基础上的品牌偏好与满意度可以有效提高顾客对产品的忠诚度水平（Bollen, 2005）。Lin（2015）认为品牌满意是指一种强调情感构建、品牌关系质量的情绪反应，其中品牌关系的质量传递了消费者对产品品牌持久稳定的满意程度，也影响顾客品牌忠诚指数的高低。消费者个性特征、产品属性在一定程度上对顾客满意度产生影响，而顾客品牌的满意也会影响品牌忠诚。认为顾客品牌的满意正向影响品牌忠诚程度，但是顾客对特定产品或品牌的满意不一定能使顾客对产品的品牌产生消费忠诚（Bollen, 2005）。

b. 产品与品牌属性　董向东（2018）认为产品价格、产品功能、产品性能、产品质量、维持及强度五个产品属性维度是品牌忠诚形成的原因，企业做好产品五个维度的属性，会促使消费者对产品品牌产生忠诚度。产品五个属性之外的产品形象、产品特质、产品外观、产品表达方式等都会影响品牌忠诚的建立（董向东，2018）。吕庆华、郑淑蓉、刘伟与高翔（2014）研究认为品牌个性、品牌外观、享乐价值会间接影响品牌态度与行为忠诚。周飞与沙振权（2017）认为拟人化形象拉近了顾客与产品的心理距离，提升了顾客感知与认同价值，从而带来了顾客品牌忠诚的提升。与此同时，董向东（2018）认为品牌知名度会引发顾客基于心理层面的炫耀与自我展示，并彰显自我，由此带来的心理反应可以促进顾客与企业品牌的联结，从而提高顾客的品牌忠诚度。

c. 营销策略及环境　所谓的营销策略是指企业向广大消费者传递商品信息，在一定程度上会影响顾客购买产品的意愿与决策的营销手段。郑文清、胡国珠与冯玉芹（2014）研究认为产品与服务质量正向影响顾客品牌忠诚，价格与促销负面影响顾客品牌忠诚，广告与品牌忠诚没有直接影响关系。曾慧与郝辽钢（2015）认为企业的促销方式会在一定程度上影响品牌忠诚的效果，且不同的促销方式所产生的品牌效果存在着差异，满减的促销方式带来的品牌忠诚高于满送的促销方式。企业推出有利于顾客的产品或品牌信息，经由顾客分享后，提升了顾客体验乐趣，进而提高顾客的品牌忠诚（Erdoğmuş, Cicek, 2012）。汪涛、谢志鹏与崔楠（2014）认为品牌拟人化营销是品牌差异化研究的焦点，拟人化的沟通、表达、传递信息的方式可以降低顾客对品牌的排斥，改善顾客对于企业品牌的价值感知与正向态度。Sarkar, Sarkar, Bhatt（2019）研究发现营销氛围、品牌拟人化与品牌体验会影响到顾客品牌忠诚。Mody, Hanks, Dogru（2019）在对共享住宿 Airbnb 的研究中发现，品牌真实性与体验真实性会影响到休闲旅游顾客的品牌忠诚。Sheth, Koschmann（2019）通过对饮料行业的研究发现广告、价格、分销与供应商会影响品牌忠诚。Tuškej, Podnar（2018）研究发现品牌拟人化、品牌参与品牌声望会影响顾客品牌忠诚。

② 品牌忠诚的后果效应　品牌忠诚的前因变量主要体现在顾客与品牌关系、产品与品牌属性、营销策略及环境三个方面，品牌忠诚的后果效应主要集中在顾客忠诚（指数高低）与企业品牌（价值大小）两个方面（董雅丽、陈怀超，2006）。

品牌忠诚会给企业带来品牌资产的提升，品牌资产的提升包括降低营销成本、吸引培育新顾客、提升竞争优势与争取市场份额四个方面。王财玉（2012）研究显示企业建立与发挥品牌效应，使企业拥有一批品牌忠诚的顾客，可以有效降低企业的营销成本。Kotler, Leong, Ang, Tan（1996）与 Gruber, Wise（1998）研究表明，企业吸引一个新顾客的花费是维持一个老顾客成本的 4～6 倍。品牌忠诚会带来顾客的口碑传播，口碑传播会给企业带来更多新的顾客，尤其是在购买行为具有风险时，口碑传播在对新顾客的引导与培育上会具有更明显的优势（金立印，2007）。品牌忠诚会给企业带来明显的市场竞争优势，忠诚顾客对竞争对手企业的营销会产生一定的延迟与延缓反应，这可以为企业争取到缓冲时间以便企业更好地提升产品与服务，进而获得竞争主动权（胡大立、谌飞龙、吴群，2005）。王新新与万文海（2012）认为品牌忠诚的消费者，不仅会持续稳定反复地购买享用该企业的产品与提供的服务，对负面信息的抵御能力也会更强，同时，由于推荐与口碑效应，会对新顾客的引导与培育带来明显的帮助，整体上有助于企业扩大市场份额。单从文、余明阳与王良燕（2015）发现品牌忠诚的重要性，认为其会带来品牌信任与持续购买意愿。郑文清、胡国珠与冯玉芹（2014）对品牌忠诚进行探索研究，认为其可以给企业带来持续的利润。

综上所述，品牌忠诚的前因变量与后果效应见表2-18。

表2-18　品牌忠诚的前因变量与后果效应汇总

维度	品牌忠诚的前因变量									来源
	联结	承诺	信任	满意	认同	情感	态度	偏好	资产	
顾客与品牌关系	*					*	*			Spott等（2006）
	*				*					张初兵等（2013）
	*									赵耀升（2016）
		*								Shukla等（2016）
		*	*							王秀宏等（2017）
			*	*						Ercis等（2012）
	*	*	*							Morgan等（1993）
	*	*			*					Aaker等（2004）
			*							董向东（2018）
			*					*		Fandos等（2011）
			*					*		Bollen（2005）
		*				*	*			Cunningham（1967）
				*						Lin（2015）
								*	*	Zarei等（2019）
	*									Dewnarain等（2019）
	*		*	*						Song等（2019）
	*							*		Jin（2018）
				*			*			Ramadan等（2018）
	价格	功能	性能	质量	维持	个性	外观	价值	形象	来源
产品属性	*	*	*	*						董向东（2018）
						*	*	*		吕庆华（2014）
								*	*	周飞（2017）
	*		*							郑文清等（2014）
				*			*	*		董向东（2018）
									*	Song等（2019）
						*		*	*	Tuskej等（2018）

续表

维度	品牌忠诚的前因变量								来源
	价格	广告	分销	品牌拟人化	氛围	真实性	体验	社交媒体	
营销策略	*								郑文清等（2014）
	*	*							曾慧等（2015）
			*						Cicek等（2012）
				*					汪涛等（2014）
				*	*				Sarkar等（2019）
						*	*		Mody等（2019）
								*	Dewnarain等（2019）
	*	*	*						Sheth等（2019）
							*		Ramadan等（2018）
			*				*		Tuskej等（2018）

品牌忠诚的后果效应								来源
顾客忠诚	品牌资产	营销成本	口碑	竞争力	信任	购买	利润	
*	*							董雅丽等（2006）
		*						王财玉（2012）
			*					金立印（2007）
				*				胡大立等（2005）
		*	*	*				王新新等（2012）
			*	*				Dewnarain等（2019）
					*	*		单从文等（2015）
							*	郑文清等（2014）

2.3　本章小结

本章首先对研究中所涉及的三个基本理论与四个变量进行了梳理与评析，包括消费者利益理论、品牌关系理论、价值共创理论三个理论与服务接触、体验价值、品牌偏好以及品牌忠诚四个变量，通过对国内外现有文献研究成果中关于上述四个变量概念的梳理与整合，结合本书的研究问题与研究目的，界定了本研究所涉及的四个变量概念。在理论基础与四个变量概念梳理与整合的基础上，对文章涉及的服务接触、体验价值、品牌偏好与品牌忠诚四个变量的维度与测量以及前因变量与后果效应进行了详细的梳理与整合。本章对理论基础与四个变量概念、维度与测量、前因变量与后果效应的整合，是第3章研究假设与研究模型构建的基础。同时，对四个变量维度与测量的整合梳理也为第4章问卷设计中的量表开发奠定了良好的基础。

第 3 章
研究假设与研究模型

3.1 各变量的关系探讨与研究假设

3.1.1 服务接触-顾客体验价值的关系与研究假设

Mondada（2017）认为前台是服务接触的重要场所，前台人员的问候语有助于创造积极的服务体验。Huang（2018）研究指出，智慧服务接触中的视觉、听觉等会影响顾客价值，带来价格溢价。Zhao, Yan, Keh（2018）研究发现服务接触中员工的额外角色行为（即组织公民行为或OCB）会使顾客更积极地参与服务创造过程，进而可以为顾客带来更好的服务体验。Nasr, Burton, Gruber（2018）强调了服务接触中探索服务互动等服务接触中的语言接触会给顾客带来愉悦的享受与体验。综上所述，可以形成如下研究假设。

H1：服务接触对顾客体验价值有显著正向影响作用。

3.1.2 服务接触-品牌忠诚关系与研究假设

Han, Shim, Lee, Kim（2019）研究认为服务接触会带来顾客忠诚，让顾客更多关注到核心产品与品牌。Mariani, Borghi, Kazakov（2019）认为服务接触中的在线顾客评价会影响到在线顾客满意度。Gupta, Dash, Mishra（2019）研究指出绿色服务接触会给顾客带来信任感与再购买意愿。Ang, Liou, Wei（2018b）认为跨文化服务接触会影响服务质量与顾客满意度。

Sharma, Tam, Wu（2018）研究发现跨文化服务接触会对客户以及员工期望的有效管理带来影响。Heinrich, Schwabe（2018）认为优化服务接触的技术设计，可以提升银行咨询服务的有效性与实用性，增强顾客咨询服务质量与体验。Araujo（2018）发现与在线聊天机器人相比，实体环境下的服务接触语言风格与技巧，会影响顾客态度、满意度与情感联系。Torres, Wei, Hua, Chen（2019）指出主体公园服务接触中的设施设备接触、用餐接触与游客互动会提升游客满意度与情感愉悦。Söderlund（2018）研究发现服务接触中员工工作主动性与积极性会通过员工绩效来影响顾客满意度。Kilian, Steinmann, Hammes（2018）认为服务接触中物理服务环境里的客户间、顾客与员工之间的反社会规范引发的代替尴尬会影响到顾客满意度、口碑与重购意愿。Gaur, Sharma, Herjanto, Kingshott（2017）研究认为服务接触中一线员工文化适应性行为（同化与整合）会积极影响顾客满意度与承诺。李海霞（2019）发现电商服务接触对生鲜顾客重购意愿与满意度有显著影响。蒋婷等（2013）发现，游客间的互动会影响其重购意愿。综上所述，可以形成如下研究假设。

H2：服务接触对品牌忠诚有显著正向影响作用。

3.1.3 顾客体验价值-品牌忠诚关系与研究假设

吴晓云等（2018）研究发现体验要素会影响体验价值，而体验价值会影响品牌价值与顾客满意。向坚持（2017）认为O2O体验价值会影响顾客满意度、推荐意愿与重复购买。刘圣文等（2018）发现体验价值会影响竞猜型体育彩票顾客忠诚度。郑秋莹等（2017）研究发现体验价值会影响顾客满意度与购买意愿（持续性长期购买与交易性短期购买）。申光龙等（2016）认为顾客互动（产品互动、人际互动）会影响体验价值，体验价值会影响顾客参与的价值共创。Hung, Peng, Chen（2019）研究发现体验价值会影响顾客满意度、归属感与行为意向。Ahn等（2019）认为体验价值会影响顾客满足感与行为意图。Taylor等（2018）研究发现体验价值会影响关系价值与口碑传播、影响消费情绪。Kim等（2018）研究指出体验价值影响餐厅品牌价值、品牌契合与顾客忠诚度。Eriksson等（2018）研究发现体验价值会带来顾客满意与顾客忠诚。王海花等（2018）认为体验价值会影响顾客行为忠诚与情感忠诚。综上所述，可以形成如下研究假设。

H3：顾客体验价值对品牌忠诚有显著正向影响作用。

3.1.4 服务接触-品牌偏好关系与研究假设

Makarem等（2009）验证了服务接触会正向影响其满意度，进而影响口碑、再购买与推荐意愿。Keng等（2007）发现服务接触会影响体验价值进而影响顾客购买意愿。Ruyter等（2000）研究显示，服务接触通过影响满意度来影响顾客重复使用的意愿。Bitner等（1990）研究结果显示，在服务传递过程中，顾客与员工、实体环境与组织的每一次接触都会影响到其满意度，进而影响到顾客的再购买与推荐意愿。申光龙等（2016）认为顾客互动（产品互动、人际互动）会影响体验价值，体验价值会影响顾客参与的价值共创。Bresin（2019）研究发现服务接触会带来顾客地域文化与身份特征的认同。Han等（2019）研究指出价值维度、整体形象会影响服务接触，服务接触会影响顾客重购意愿。

Gupta 等（2019）研究认为绿色服务接触会影响顾客信任与再购买意愿。综上所述，可以形成如下研究假设。

H4：服务接触对品牌偏好有显著正向影响作用。

3.1.5 品牌偏好-品牌忠诚关系与研究假设

信任是双方彼此关系交往的润滑剂，品牌信任在消费者对一个品牌形成忠诚的过程中发挥着重要作用（Lim, Yen，1997），研究指出品牌偏好、公司竞争力等先行因素对消费者的信任产生影响，接着影响品牌忠诚，它对消费者品牌忠诚的建立起着重要作用且品牌偏好等只有通过品牌信任才会产生忠诚行为，并通过模型进一步验证了它们之间的关系（Lau, Lee，1999），如图3-1所示。

图3-1 品牌信任与品牌忠诚关系

Liu 等（2019）研究认为感知品牌质量、品牌影响力会影响品牌偏好，品牌偏好会影响到品牌评价。高振峰（2019）对体育特色小镇品牌竞争力研究发现，品牌美誉度与知名度会影响品牌偏好，品牌偏好会影响到品牌影响力与竞争力。Wymer 等（2019）研究指出，品牌实力、品牌熟悉度、品牌态度与品牌重要性会影响品牌偏好，品牌偏好会影响口碑传播。李豪等（2018）在基于家庭计划的航空客运定价策略研究中发现，品牌偏好会影响定价策略与公司收益。张晓东等（2018）研究指出品牌识别与品牌形象会影响品牌偏好，品牌偏好会影响顾客满意度与忠诚度。Liu 等（2018）对中国新型汽车市场的研究发现，顾客对汽车的品牌偏好会影响到市场差异化策略、市场空间集中度以及产品收益。Ibidunni 等（2018）研究指出名人效应会通过品牌感知的调节作用于品牌偏好，进而影响品牌忠诚。An 等（2018）研究认为校园公共自行车的感知质量和感知价值对品牌偏好、消费者满意度、口碑与忠诚度产生积极影响。Mandrik 等（2018）认为品牌偏好和消费者满意度对消费者忠诚度产生积极的中介影响，而品牌偏好的力量强于消费者满意度。Zhang 等（2018）研究发现产品预告会通过品牌熟悉度与信息清晰度影响品牌偏好，品牌偏好会影响沟通策略效果。万珍妮等（2018）研究发现品牌民族符号会影响品牌偏好，品牌偏好会影响品牌忠诚。Amoak等（2017）研究发现广告效果与品牌偏好之间存在着显著的正相关关系，品牌偏好与顾客忠诚之间存在着显著的正相关关系，品牌偏好显著影响创新绩效。何佳讯等（2017）研究发现文化认同会影响品牌偏好，品牌偏好会影响市场细分与购买行为。蒋廉雄等（2017）研究指出品牌原型驱动通过品牌创新感知的中介作用影响品牌偏好，品牌偏好影响顾客忠诚与创新绩效。Gupta等（2016）研究发现本土品牌特征会影响品牌偏好，品牌偏好会影响品牌忠诚与创新。综上所述，可以形成如下研究假设。

H5：品牌偏好对品牌忠诚有显著正向影响作用。

3.1.6 顾客体验价值-品牌偏好关系与研究假设

马鸿飞（2008）认为顾客的品牌偏好是在品牌认知过程中逐渐形成的，产品质量、包装、商标与服务等会影响顾客品牌偏好。赵占波等（2009）认为由商品属性、名称、包装、价格以及声誉等综合因素构成的品牌，是影响顾客品牌选择的重要因素。王鹏等（2019）指出品牌来源地、购买体验、感知质量会影响品牌偏好。Iglesias等（2011）利用结构方程模型发现，顾客个人经历中的商品体验（感觉、情感、认知与行为反应）对品牌偏好有显著的正相关影响。Amaro等（2015）对在线旅游者消费行为的研究指出，顾客态度与风险感知会影响品牌选择与购买行为。王鹏等（2014）研究发现购买经历与品牌特性感知对顾客品牌偏好存在显著影响，其中购买经验的差异对品牌偏好有不同程度影响，有经验的顾客对本土品牌更容易形成较高的评价与品牌偏好。郭爱云等（2018）研究认为微信公众号顾客体验价值会影响品牌价值创造、品牌价值提升与品牌契合。Wang, Wu, Xie, Li（2019）在共享服务接触的研究中发现，心理接近度和感知体验真实性是国际旅行者家庭共享偏好的调解者。综上所述，可以形成如下研究假设。

H6：顾客体验价值对品牌偏好有显著正向影响作用。

3.1.7 顾客体验价值与品牌偏好的中介作用

王丹丹（2018）研究认为服务接触中顾客与员工的接触中，员工所传达出来的良好品牌形象与品牌声誉等，有助于提升顾客的服务体验与体验价值，通过顾客的品牌选择偏好与持续的品牌信任，形成品牌忠诚。服务接触是联结企业与顾客的桥梁与媒介，通过服务接触顾客可以体验到特定的产品与服务（邱玮、白长虹，2012）。当服务接触通过品牌与产品及服务传递给顾客良好的承诺，顾客在接受产品与服务时也能感受到与承诺一致的愉悦体验，顾客更容易产生品牌偏好，进而产生品牌持续购买与推荐行为（Ha, Perks, 2005），在品牌忠诚形成过程中，品牌体验与品牌偏好的中介作用很重要。体验本身代表了顾客对产品服务的切身感受、评价与消费的满足程度，当顾客对品牌产生了满足感，这种满足感将会激发其产品与服务的购买行为。品牌忠诚是基于良好口碑传播与品牌形象，顾客通过一系列行为表现出与品牌保持持续关系的行为（Payne, Webber, 2006）。同时，品牌忠诚又是基于产品与服务的体验价值，不受各种环境变化与品牌营销的影响，顾客重复持续购买产品与服务的习惯性消费行为（Wang等，2017）。因此，良好的体验价值与品牌偏好是服务接触与品牌忠诚关系的中介。前文假设H6已经论述到体验价值会影响到品牌偏好。据此，本研究认为体验价值、品牌偏好在服务接触与品牌忠诚之间有明显的中介作用。前文假设H6已经论述到体验价值会影响到品牌偏好。据此，本研究认为体验价值、品牌偏好在服务接触与品牌忠诚之间有明显的中介作用。基于以上研究结论，可以形成如下研究假设。

H7：顾客体验价值在服务接触与品牌忠诚的关系中具有中介作用。

H8：品牌偏好在服务接触与品牌忠诚的关系中具有中介作用。

H9：顾客体验价值在服务接触与品牌偏好的关系中具有中介作用。

3.2　研究模型构建

研究模型如图3-2所示。

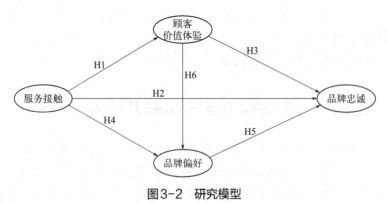

图3-2　研究模型

3.3 本章小结

在对理论与变量相关文献进行梳理的基础上,对四个变量之间的关系进行了分析,明确了变量关系,提出了文章的假设,在此基础上提出了文章的研究模型,研究假设与研究模型的构建为第4章的研究设计部分奠定了基础,同时,也为后续章节进行数据收集分析与研究结果讨论奠定了基础。

第4章

研究设计与预测试

4.1 行业品牌选择及研究对象

4.1.1 行业品牌选择

本研究在众多行业中选择国际酒店集团中的万豪集团旗下的喜来登作为样本行业与品牌，原因主要有四点：①随着酒店集团在国内的大量扩张，酒店行业的品牌忠诚已经成为国际酒店集团之间竞争的关键要素；②服务接触、顾客感知价值与品牌偏好对购买决策、推荐行为与品牌忠诚有重大影响；③万豪集团深入人心。2016年9月23日，万豪国际集团以136亿美元完成了对喜达屋的并购，成为拥有30个酒店品牌、5700多家酒店、约110万间客房的全球最大酒店集团，品牌知名度得到了广泛传播（迈点网，2016）；④喜来登品牌重塑与品牌升级提上议事日程。喜来登作为喜达屋最大最全球化的酒店品牌，是最先进入中国市场的国际酒店品牌之一，也是万豪集团第三大品牌。由于早期供求双方关系以及品牌本身自带的良好寓意，喜来登在国内得到了快速扩张与迅猛发展。但在品牌快速扩张的同时，由于各单体酒店管理水平参差不齐与高星级酒店市场竞争日益激烈，喜来登这个品牌各种大小问题开始不断出现，喜来登酒店的品牌特色与品牌声誉大不如从前。为进一步塑造喜来登的品牌特色，优化顾客体验，培育顾客品牌忠诚，在第37届纽约大学国际酒店行业投资年度大会中，喜达屋宣布并启动了"喜来登2020"计划。万豪集团先后推出了包括创新市场营销活动、推出全新的喜来登大酒店"Sheraton Grand"、优化顾客体验以及重塑品牌形象与LOGO等一系列品牌变革计划，喜来登的品牌重塑与品牌升级正在逐渐有序推进（迈点网，2015）。

4.1.2 研究对象

服务接触是顾客与服务企业互动的开始，良好的服务接触会对顾客体验与品牌忠诚产生积极的促进作用。从行业来看，服务接触广泛发生在银行、证券、租赁、咨询、旅游与酒店等现代服务业中。尤其是高星级酒店特别是高星级度假酒店，顾客可以更充分地与度假酒店软硬件环境产生服务接触与互动，这种更充分而全面的服务接触互动所带来的顾客体验会对顾客品牌忠诚产生影响，所以本章所选择的研究对象是万豪集团旗下的惠州白鹭湖雅居乐喜来登度假酒店、清远狮子湖喜来登度假酒店与深圳大梅沙京基喜来登度假酒店、湛江民大喜来登度假酒店的度假客人，具体理由如下：

（1）产业层面

休闲度假与亲子游热度提升，度假酒店尤其是高星级度假酒店成为市场热点。腾讯文旅发布的《2018中国旅游行业发展报告》指出，旅游在近年来获得了快速发展，城镇居民旅游消费占旅游总消费的比例达到了82%，城镇居民已经成为国内旅游的主要推动力量。2018年国内旅游市场中，亲子游顾客占比达到了26.1%，与2017年的25.1%相比，亲子游顾客呈现增长趋势，亲子游市场热度提升。2017年国内旅游市场中，以休闲度假为目的的城镇居民达到了30.1%，同期观光游览的比例为22.1%，与2010年相比，观光游览的顾客比例下降，休闲度假的顾客比重上升，详见图4-1。

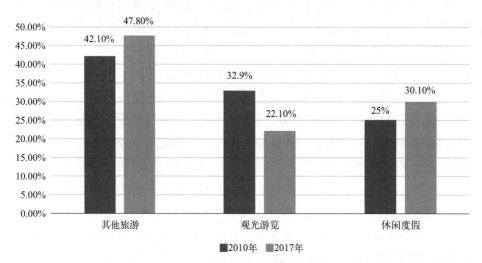

图4-1　2010年、2017年休闲度假、观光游览与其他旅游占比

（2）区域市场布局

在整个粤港澳大湾区内，国际酒店集团旗下主要布局有四类高星级度假酒店，分别是娱乐度假型酒店（香港海洋公园万豪酒店、澳门悦榕庄、澳门丽思卡尔顿酒店）、温泉型度假酒店（广州从化都喜泰丽温泉度假酒店、惠州洲际度假酒店）、湖泊型度假酒店（惠州白鹭湖雅居乐喜来登度假酒店、惠州博罗佳兆业万怡度假酒店、清远狮子湖喜来登度假酒店）与滨海型度假酒店（惠州小径湾艾美酒店、惠州金海湾喜来登度假酒店、深圳佳兆业万豪度假酒店、深

圳大梅沙京基喜来登度假酒店、湛江喜来登度假酒店）。其中，惠州白鹭湖雅居乐喜来登度假酒店、清远狮子湖喜来登度假酒店与深圳大梅沙京基喜来登度假酒店、湛江喜来登度假酒店分别属于湖泊型度假酒店与滨海型度假酒店，这两类度假酒店占据了度假酒店的大部分市场，也是最受休闲度假客人青睐的度假酒店类型。娱乐度假酒店对资金投入要求非常高，大陆的样本少，也很难大范围扩展复制，这一类酒店的样本典型性不够，故不选取该类型酒店。深圳作为大湾区的核心城市之一，惠州作为粤东区域重要的制造业与旅游城市，清远作为粤北地区重要的旅游城市，湛江作为粤西地区重要的中心城市，四个城市的区域涵盖了珠三角、粤东、粤北与粤西重要的节点代表性城市，可以涵盖到不同经济发展水平与不同层次的顾客，城市区位与样本酒店选择具有典型性与代表性。

（3）品牌重塑与升级

1937年，美国马萨诸塞州的第一家喜来登酒店开业，1945年喜来登在纽约证券交易市场挂牌上市，1949年开始进行全球扩展，到1965年喜来登的全球酒店数量已经突破100家。1985年北京喜来登长城饭店开业，喜来登成为中国大陆第一家国际酒店品牌，1986年上海华亭宾馆喜来登酒店开业，喜来登以管理方身份进入上海，随着这两家喜来登的酒店的开业，喜来登奢华、高端的品牌形象深入人心，再加上喜来登这个品牌在中文语境里有美好而积极的寓意，喜来登在国内得到了迅速扩张与发展。2012年澳门金沙城中心喜来登酒店开业，成为拥有近4000间客房的全球最大单一品牌酒店。随后明月造型的湖州喜来登度假酒店与阿拉伯风情设计的清远喜来登度假酒店将喜来登的设计与品牌推向了另一个高度。但随着喜来登在国内的大量扩张，管理团队参差不齐，导致品牌服务差强人意；品牌形象老派，缺乏创意与活力；大小问题不断，品牌形象受损，品牌个性不足等问题导致品牌发展受阻，再加上酒店集团与品牌竞争激烈，越来越多顾客转向购买其他品牌，品牌忠实顾客大量流失。与此同时，万豪收购喜达屋后，新万豪集团旗下已经有近30个品牌，在万豪集团的整体酒店品牌体系里，喜来登属于体量前三的酒店品牌，喜来登的品牌重塑与升级就显得迫切而重要。为进一步提升顾客服务体验，优化品牌形象，培育顾客品牌忠诚，"喜来登2020"计划应运而生，先后推出了包括创新市场营销活动、推出全新的喜来登大酒店"Sheraton Grand"、优化顾客体验以及重塑品牌形象与LOGO等一系列品牌变革计划（迈点网，2019）。

综上所述，本章的研究对象选择为惠州白鹭湖雅居乐喜来登度假酒店、清远狮子湖喜来登度假酒店与深圳大梅沙京基喜来登度假酒店、湛江喜来登度假酒店的客人，主要有三个层面的考虑：宏观层面产业发展、中观层面的市场布局、微观层面的品牌优化升级。其中宏观层面的产业发展会影响到酒店的长远发展，中观层面的市场布局直接关系到酒店收益与可持续发展能力，微观层面的品牌优化升级涉及优化顾客服务体验与顾客品牌忠诚培育，这是酒店内生发展的决定性力量。除此之外，考虑到研究样本获取的效率与质量问题，可以通过与万豪集团的实习合作方式寻求得到样本酒店的支持，以获得更准确更高效的样本。本章研究对象的选择，可以很好地实现研究目标，是具有代表性、典型性与可操作性的。

4.2 问卷设计原则与流程

4.2.1 问卷设计原则

信度和效度可以确保研究结论更具说服力，因此在问卷设计时有6点设计原则需要遵循，具体内容如下：

① 首先在问卷设计时，需要在研究目的的基础上，结合具体的研究情境，充分地进行考虑，才能使测量题项更加贴近此次研究的主题及最大程度反映研究物件的特征。

② 对于测量题项的词句，表达的意思要清晰明确，不含糊，避免让调查物件产生歧义或误解。

③ 尽可能地使用中性词汇，不使用带有感情色彩的词句，避免干扰调查对象的思考，从而产生方向性引导。

④ 测量题项要使用简洁明了、通俗易懂的词句来进行表述，让调查物件一读就懂，避免在问卷设计中使用过于抽象、晦涩的专业性术语以及将测量题项内容伦理化的词句。

⑤ 避免出现测量题项设计不完整的非完整性问卷。

⑥ 在问卷设计的开头，需要有指导语部分。这部分具体包括问卷设计者向问卷填写者阐明本问卷调查的目的，并做出对问卷填写者的信息保密承诺。同时问卷设计者要根据问卷内容给出必要的应答说明与其联系方式，目的是方便调查对象就问卷中的题项问题与问卷设计者进行联系交流（吴聪贤，文崇一，杨国枢，2006）。

4.2.2 问卷设计流程

根据以上 6 条原则，我们在设计问卷时有 4 个步骤需要遵循，具体内容如下（李雷，2014）。

（1）文献回顾，生成初始量表

从各变量的操作性定义出发，基于本研究的目的，结合具体的研究背景，查阅国内外现有的文献资料，从这些文献资料中搜集相关的测量量表，并从中筛选出关于各变量的量表，且其被证明具有良好信度和效度。在此基础上，结合本书所研究的主题，来最终确定各变量的测量量表。在这些量表中，关于英文文献的量表，则采用"回译"（back translation）的处理方法来进行，邀请旅游管理专业的两位教师，一位将英文量表翻译成中文，另外一位将中文量表翻译成英文，对于两位教师在翻译过程中存在分歧意见的测量题项，需要不断进行分析、讨论及重新翻译，直到测量题项能够准确反映出原始量表的意图。

（2）修正量表，形成初始问卷

笔者在完善初步生成的测量量表时做了大量的工作。一方面，笔者参加各类学术讨论会。在讨论会上，笔者详细陈述了变量的测量量表及本研究的背景、目标，充分征询同行专家对此的意见建议。另一方面，笔者对目标酒店顾客及酒店管理者进行访谈。目标酒店顾客与酒店管理者基于实践者和亲历者的视角，更能验证这些量表是否具有针对性与适用性。在各种反馈信息的基础上，笔者进行修正完善各测量量表。基于上述，笔者认真考虑问卷所分布的布局、在篇首指导语的要求下，同时认真听取指导老师的反馈意见与建议，合理编排修正后的量表，最终形成初始问卷。

（3）预测试

在初始问卷形成后，笔者用初始问卷在小范围内进行预测试。从预测试的结果进行分析，进而可以反映出初始问卷的信度、效度等各项指标是否具有适用性，是否具有可以检验初始问卷在解决研究问题时的可行性的功能。

（4）修正初始问卷，形成正式问卷

一方面，笔者在进行预测试的过程中遇到的各类问题及预测试的结果进行分析。另一方面，笔者与专家学者及酒店职业经理人就初始问卷进行讨论分

析。综合以上两方面，笔者不断进行修正与补充初始问卷，编制更加科学合理的正式问卷。

4.3 初始问卷

4.3.1 量表选择

基于研究目的与情境，本章所构建的研究模型共涉及服务接触、体验价值、品牌偏好与品牌忠诚这四个变量。其中，酒店与顾客之间的服务接触，具体涵盖了实体物理环境接触、顾客与其他顾客之间的交流互动接触、顾客与服务人员之间的交流互动接触这三个维度；体验价值，具体包括顾客自身感知的情感价值、顾客对企业产品所感知的价格价值与质量价值这三个维度；顾客品牌忠诚包括品牌行为忠诚与品牌态度忠诚两个维度。这些变量均采用多问项7点李克特量表（Likert scale）测量。其中，1＝非常不同意，2＝不同意，3＝有些不同意，4＝不确定，5＝有些同意，6＝同意，7＝非常同意。通过对已有研究成果的整合、梳理与借鉴，对每个变量的测量题项进行了总结和设计。

（1）服务接触初始量表

Grove, Fisk（1997）在研究过程中，构建了服务剧场模型，Bateson（1985）研究发现服务接触三元模型；Lovelock, Yip（1996）研究相关的服务接触，并系统总结归纳了服务接触系统模型。通过对文献的整合与梳理，可以进一步发现，服务接触具有三要素，分别是指物理环境间接触要素、员工与顾客间接触要素以及顾客与顾客间接触要素，已经广泛被学者认可并接受（Baker, Cameron, 1996; Hsu, Huang, Keng, Zheng, 2007; 张芳, 2015）。物理环境接触要素是用来测量顾客对所处的空间环境下的灯光、温度与装潢设计等硬件设施设备的感知（Walls, Ijhm, 2013; Huang, Hsu, 2009）。员工与顾客之间接触要素是用来测量顾客对服务人员的工作态度、行为方式等的情感感知（Java, Lewison, Hult, Hauser, Keillor, 2015; Chandon, Leo, Philippe, 1997）。顾客与顾客间接触要素是用来测量顾客对其他顾客的言谈举止与行为方式的感知（Java, Lewison, Hult, Hauser, Keillor, 2015; Chandon, Leo, Philippe, 1997）。Wu, Liang（2009）开发出了服务接触三要素11个问项的测量量表。在已有研究成果的基础上，对11个问项的测量进行了补充和完善，在员工顾客交互接触的基础上增加了顾客员工互惠的内容，杨德锋、马颖杰（2014）认为顾客员工互惠是指顾客与员工双方在服务互动过程中形成的对愉悦互动的感知，并以互动双方之间的个人情感联结为特征（Gremler, Gwinner, 2000）。国内外关于服务体验的研究显示顾客与员工之间的互动有助于顾客提升服务体验价值与质量（Solomon, Surprenant, Czepiel, Gutman ,1985; Grönroos, 2000）；同时，其便于顾客与员工建立可持续服务关系（Hennig-Thurau, Groth, Paul, Gremler, 2006），对服务品牌关系（认知、情感与忠诚）、品牌知名度与品牌形象有积极促进作用（卫海英、张蕾，2010）。本章服务接触（SE）初始测量量表见表4-1。

表4-1 服务接触初始测量量表

维度	问项	理论依据
物理环境 （PE）	酒店灯光合适	Huang, Hsu（2010）； Wall（2013）； Wu, Liang（2009）
	酒店温度舒适	
	酒店音乐适宜	
	酒店干净通风好、无异味	
	酒店装潢设计吸引人	
顾客顾客 （IC）	其他顾客着装干净整洁，仪容仪表好	Huang, Hsu（2010）； Wall（2013）； Wu, Liang（2009）
	其他顾客行为举止礼貌友善	
	其他顾客不大声喧哗、尊重他人	
员工顾客 （EC）	员工着装与仪表得体	Huang, Hsu（2010）； Wall（2013）； Wu, Liang（2009）； Biedenbach, Bengtsson, Wincent（2011）； Simpson, Griskevicius, Rothman（2012）
	员工有礼貌，语言得体	
	员工能够给顾客很好的建议	
	能及时关注顾客需求并响应	
	员工能认真倾听顾客意见	
	员工能及时帮顾客解决问题	
	员工很专业，值得信赖	
	我尊重服务人员的职业	
	我对服务人员很信任	
	我与服务人员关系良好	
	我希望再次得到服务	

（2）顾客体验价值初始量表

顾客体验价值是顾客接触企业的产品与服务时，获得其产品或服务后的一种感知，从而对特定需求的满足程度。本研究采用情感价值、价格价值与质量价值三个维度对顾客体验价值进行衡量，情感价值、价格价值与质量价值这三个维度的具体定义如下：情感价值是指顾客对企业的产品的使用过程中或企业员工服务过程的享受程度、自身所表现的愉悦感觉（Soutar, 2001）；价格价值是指顾客对企业产品与服务价格的总体感知，并在后续从各方面信息综合评判产品或服务的价格，是否具有经济性与是否物有所值（Soutar, 2001）；质量价值是指顾客对企业产品与服务质量的满意程度，评价其产品与服务的质量是否让人信赖，是否卓越出众（Soutar, 2001；王永贵、韩顺平、邢金刚、于斌，2005）。顾客体验价值（CEV）初始测量量表见表4-2。

表4-2 顾客体验价值初始测量量表

维度	问项	理论依据
情感价值（EV）	该酒店让我精神愉悦	Soutar（2001） 王永贵、韩顺平、邢金刚与于斌（2005）
	该酒店让我身体放松	
	我会怀念这段体验	
价格价值（PV）	该酒店有很好的经济性	
	该酒店价格合理	
	该酒店物有所值	
质量价值（QV）	该酒店总是能提供优质的服务	
	该酒店服务质量让人满意	
	该酒店服务质量让人信赖	
	该酒店服务质量卓越	

（3）品牌偏好初始量表

品牌偏好的形成和发展，会促使顾客在品牌选择上存在品牌喜好和品牌倾斜。顾客形成品牌忠诚的基础和前期阶段是品牌偏好，从市场营销的角度看，品牌偏好对于企业市场拓展、正面口碑形象塑造、客户关系管理、顾客需求管理与提升营销效率等都有非常重要的作用。但是，随着市场的进一步发展，产品同质化日益严重，顾客的消费行为和消费心理上都倾向于尝试同类产品的多个品牌，这加深了企业培养顾客品牌偏好的难度（丁勇、肖金川、朱俊红，2017）。Sha, Allenby, Fennell（2002）与Chen, Chang（2008）等学者认为品牌偏好是通过品牌认知对特定品牌产生的积极态度。Howard, Sheth（1969）指出品牌偏好实质上是消费者对某企业旗下产品与服务的态度流露或表现倾向，它能引导消费者是否购买企业产品与服务的决策方向与其消费行为的发生的一种态度。消费者个性、收入水平、过往经历、受教育程度等因素都对消费者品牌偏好产生重要影响（张艳，2013）。本研究对品牌偏好的测量主要体现在顾客认知、态度与情感的喜爱倾向。文章对品牌偏好的界定为品牌偏好是顾客对某一特定品牌产品或服务表现出来的带有较强情感色彩与购买倾向的行为意向。本章对品牌偏好的测量主要采用的是概念测量，参考并借鉴了Sirgy等（1997）、Chen, Chang（2008）、Jamal, Goode（2010）与Sääksjärvi, Samiee（2011）关于品牌偏好测量量表的基础上，结合本章研究对象和背景进行了修正和完善，确定了适用于本研究的品牌偏好（BP）初始测量量表，如表4-3所示。

表4-3　品牌偏好初始测量量表

维度	问项	理论依据
品牌偏好（BP）	我更了解该酒店品牌	Sirgy等（1997）；Chen, Chang（2008）；Jamal, Goode（2010）；Sääksjärvi, Samiee（2011）
	该酒店品牌更吸引我	
	该品牌是我最偏爱的酒店品牌	
	如果没有该品牌选择，我会想念它	
	我更希望继续与该品牌保持良好关系	

（4）品牌忠诚初始量表

通过第2章的品牌忠诚维度与测量的文献梳理可以发现，品牌忠诚的测量方式主要有三类，第一类是通过顾客品牌消费行为忠诚的方式来测量品牌忠诚；第二类是认为顾客认可企业品牌，对其的态度忠诚就是品牌忠诚；第三类是顾客态度行为综合测量。态度行为综合测量主要从态度忠诚与行为忠诚两个角度对品牌忠诚进行了测量，既考虑到了顾客重复购买行为背后的原因，也关注到了顾客对品牌的积极态度。因此，文章倾向于从行为忠诚与态度忠诚两个方面来测量顾客的品牌忠诚。Yoo, Donthu（2001）关于品牌忠诚的量表已经在众多实证研究中被验证过，信度与效度都非常好（杨立娟，2017）。本研究品牌忠诚度的量表开发在主要参考Yoo等（2001），Sung等（2009），Labrecque（2014）、张明立等（2014）与董学兵等（2018）开发的品牌忠诚度量表的基础上，最终形成了基于品牌行为忠诚与品牌态度忠诚的品牌忠诚（BL）初始量表，如表4-4所示。

表4-4　品牌忠诚初始测量量表

维度	问项	理论依据
品牌态度忠诚（BAL）	我希望能够一直信任该品牌	Yoo等（2001）； Sung等（2009）； Labrecque（2014）； 张明立等（2014）； 董学兵等（2018）
	该品牌是我的第一选择	
	我是该品牌的忠实顾客	
品牌行为忠诚（BBL）	我会持续购买该品牌产品	
	我总是积极支持该品牌	
	我会向亲朋推荐该品牌	

4.3.2　小规模访谈及初始问卷设计

基于上述量表的整理与分析，基于社会科学研究方法，按照其原对本研究的问卷进行设计，本节分为五个部分来阐述，具体如下（张芳，2015）。

① 眉头部分　这部分由问卷名称与编号组成。其中，编号的作用是用于减少问卷的缺失性。

② 导引部分　具体描述本研究主体、此问卷的用途、对问卷填写者做出保密性承诺等内容。这部分的意义在于帮助调查对象更好理解问卷调研的目的与内容，确保其能更好地协助填写问卷。最后笔者留有联系邮箱，方便调查受访者可以就问卷里的具体内容提出意见或建议。

③ 主体部分　这部分包含本研究所涉及的四个变量，分别是服务接触、体验价值、品牌偏好与品牌忠诚，使用李克特七级量表，本研究初始测量量表如表4-5所示。

表4-5　本研究初始测量量表

变量	序号	问项	理论依据
服务接触（SE）	PE1	酒店灯光合适	Huang等（2010）； Wall（2013）； Wu等（2009）； Biedenbach等（2011）； Simpson等（2012）
	PE2	酒店温度舒适	
	PE3	酒店音乐适宜	
	PE4	酒店干净无异味	
	PE5	酒店装潢设计吸引人	
	IC1	顾客着装与仪容仪表好	
	IC2	顾客行为举止礼貌友善	
	IC3	顾客不喧哗、尊重他人	

续表

变量	序号	问项	理论依据
服务接触（SE）	EC1	员工着装与仪表得体	Huang等（2010）；Wall（2013）；Wu等（2009）；Biedenbach等（2011）；Simpson等（2012）
	EC2	员工有礼貌，语言得体	
	EC3	员工能够给顾客很好的建议	
	EC4	能及时关注顾客需求并响应	
	EC5	员工能认真倾听顾客意见	
	EC6	员工能及时帮顾客解决问题	
	EC7	员工很专业，值得信赖	
	EC8	我尊重服务人员的职业	
	EC9	我对服务人员很信任	
	EC10	我与服务人员关系良好	
	EC11	我希望再次得到服务	
顾客体验价值（CEV）	EV1	该酒店让我精神愉悦	Soutar（2001）；王永贵等（2005）
	EV2	该酒店让我身体放松	
	EV3	我会怀念这段体验	
	PV1	该酒店有很好的经济性	
	PV2	该酒店价格合理	
	PV3	该酒店物有所值	
	QV1	该酒店总能提供优质服务	
	QV2	该酒店服务让人满意	
	QV3	该酒店的服务质量让人信赖	
	QV4	能感受到酒店卓越服务质量	
品牌偏好（BP）	BP1	我更了解该酒店品牌	Sirgy等（1997）；Chen等（2008）；Jamal等（2010）；Sääksjärvi等（2011）
	BP2	该酒店品牌更吸引我	
	BP3	这是我最偏爱的酒店品牌	
	BP4	没有该品牌我会想念	
	BP5	继续与该品牌保持良好关系	
品牌忠诚（BL）	BAL1	我希望能够一直信任该品牌	Yoo等（2001）；Sung等（2009）；Labrecque（2014）；张明立等（2014）；董学兵等（2018）
	BAL2	该品牌是我的第一选择	
	BAL3	我是该品牌的忠实顾客	
	BBL1	我会持续购买该品牌产品	
	BBL2	我总是积极支持该品牌	
	BBL3	我会向亲朋推荐该品牌	

④ 控制变量部分　包括性别、年龄、受教育程度、收入与职业人口统计学基本特征等信息。

⑤ 结束语　向调查对象致谢并祝福。

表4-5的测量量表是通过查阅国内外现有文献，参考其中的成熟量表的方式得来的，目的是使问卷的测量量表能够更加准确来测量变量，笔者关于测量变量这部分，分别对学界和行业专家进行了小规模访谈。小规模访谈包括两位教授（分别为服务与品牌管理、服务质量与顾客关系管理方向）、两位博士研究生（分别为服务质量管理、消费者行为学方向）、两位酒店顾客（一位是酒店金卡常旅客，另一位是普通客人）、两位酒店管理者（一位是酒店前厅部经理，另一位是酒店餐饮副总监）、两位酒店基层员工（分别是前厅的礼宾和餐饮部员工）。在访谈的过程中，笔者主要关注几个核心问题，具体内容如下：

① 问卷设计中的测量题项的表达是否准确？

② 问卷设计中的测量题项措辞是否贴切？

③ 问卷设计中的测量题项能否有效反映变量特征？

④ 问卷设计中的测量题项对问卷被调查对象是否有指向性暗示或提示？

⑤ 问卷设计中的测量题项彼此之间是否存在包含与重叠关系？

⑥ 卷首指导语如何设计？

⑦ 问卷如何进行布局？

在小规模访谈人员的反馈信息的基础上，笔者对表4-5中的部分测量题项进行了修正，修正的具体测量题项的内容如下：

① 服务接触测量量表中，物理环境、顾客交互与顾客服务人员交互是服务接触的三个方面。测量题项PE1、PE2与PE3三个问题都是顾客主观上的环境感知，三者在感官上有内在联系，建议整合在一起，合并修正为"酒店灯光、温度与音乐舒适"。测量题项EC1与EC2在语义上存在部分重合，建议整合为"员工仪容仪表得体"。测量题项EC3与EC5、EC4与EC6在语义表达上存在包含与重叠现象，所以将EC3"员工能够给顾客很好的建议"与EC5"员工能认真倾听顾客意见"整合并修正为"员工认真倾听回复顾客意见"；将测量题项EC4"能及时关注顾客需求并响应"与EC6"员工能及时帮助顾客解决问题"整合并修正为"员工能及时为顾客排忧解难"。另外，有访谈人员提到，国际酒店品牌为了塑造与凸显品牌个性，增强品牌的识别度与区分度，不同国际品牌酒店都有自己独特的香氛，建议在物理环境部分增加香氛与味觉接触的内容；另外，Mehrabian, Russell（1974）研究了环境刺激对个人情绪和行为的影响，研究显示环境刺激会影响生物，进而影响个体的反应，在消费环境

中，环境刺激包括一系列大气特征，如照明、温度、气味和颜色（Chen, Peng, Hung, 2015）。当受到这些刺激时，个人的情绪，如快感、兴奋感和支配感，将受到影响（Mehrabian, Russell, 1974）。基于上述两方面考虑，建议增加一个问项"酒店香氛独特舒适"，考虑到测量题项PE4有类似的语义重叠，建议将增加问项与PE4整合修正为"酒店整洁香氛独特舒适"。

② 顾客体验价值初始测量测量中EV4、EV5主要是顾客对酒店价格的整体感受，语义上都是在重复表达酒店价格合理，故将EV4"该酒店有很好的经济性"，EV5"该酒店价格合理"调整为"该酒店价格合理"；价格价值的另一层含义也包括了与周围竞争对手酒店的价格对比，建议增加一项"该酒店价格有竞争力"。EV7、EV8、EV9与EV10都是在表达质量价值，访谈发现，EV8与EV9语义上都是在表达酒店服务质量让人让顾客满意，这两个问项在语义上存在重叠，建议调整为"该酒店服务让人满意值得信赖"。

初始问卷个人信息部分中，关于每年入住酒店次数，主要是参考了万豪国际集团在顾客忠诚度会员计划中，对顾客的五种分类：

万豪旅享家尊贵银卡会员：10～24个合资格的房晚；

万豪旅享家尊贵金卡会员：25～49个合资格的房晚；

万豪旅享家尊贵白金卡会员：50～74个合资格的房晚；

万豪旅享家尊贵钛金卡会员：75个以上合资格的房晚；

万豪旅享家尊贵大使会员：100个合资格房晚以及20000美元合资格年度消费（万豪国际集团，2019）。

收入部分主要是参考了个税最新起征点5000元，并以此为划分起点。

综合上述材料，整合形成了问卷的预调研量表，共34个问项，见表4-6，预调研问卷见附录1。

表4-6 本研究预调研测量量表

变量	维度	序号	问项	理论依据
服务接触（SE）	物理环境（PE）	PE1	灯光温度与音乐舒适	Huang等（2010）；Wall（2013）；Wu等（2009）；Biedenbach等（2011）；Simpson等（2012）；Chen等（2015）
		PE2	酒店整洁香氛独特舒适	
		PE3	酒店装潢设计吸引人	
	顾客顾客（IC）	IC1	顾客着装与仪容仪表好	
		IC2	顾客行为举止礼貌友善	
		IC3	顾客不喧哗、尊重他人	

续表

变量	维度	序号	问项	理论依据
服务接触（SE）	员工顾客（EC）	EC1	员工仪容仪表得体	Huang 等（2010）；Wall（2013）；Wu 等（2009）；Biedenbach 等（2011）；Simpson 等（2012）；Chen 等（2015）
		EC2	员工认真倾听回复顾客	
		EC3	能及时为顾客排忧解难	
		EC4	员工专业，值得信赖	
		EC5	我尊重服务人员的职业	
		EC6	我对服务人员很信任	
		EC7	我与服务人员关系良好	
		EC8	我希望再次得到服务	
顾客体验价值（CEV）	情感价值（EV）	EV1	该酒店让我精神愉悦	Soutar（2001）；王永贵等（2005）
		EV2	该酒店让我身体放松	
		EV3	我会怀念这段体验	
	价格价值（PV）	PV1	该酒店价格合理	
		PV2	该酒店物有所值	
		PV3	该酒店价格有竞争力	
	质量价值（QV）	QV1	该酒店总能提供优质服务	
		QV2	该酒店服务让人满意值得信赖	
		QV3	能感受到酒店卓越服务质量	
品牌忠诚（BL）	态度忠诚（BAL）	BAL1	我希望能够一直信任该品牌	Sung 等（2009）；Labrecque（2014）；张明立等（2014）；董学兵等（2018）
		BAL2	该品牌是我的第一选择	
		BAL3	我是该品牌的忠实顾客	
	行为忠诚（BBL）	BBL1	我会持续购买该品牌产品	
		BBL2	我总是积极支持该品牌	
		BBL3	我会向亲朋推荐该品牌	

续表

变量	维度	序号	问项	理论依据
品牌偏好（BP）		BP1	我更了解该酒店品牌	Sirgy等（1997）；Chen等（2008）；Jamal等（2010）；Sääksjärvi等（2011）
		BP2	该酒店品牌更吸引我	
		BP3	这是我最偏爱的酒店品牌	
		BP4	没有该品牌我会想念	
		BP5	想与该品牌有良好关系	

4.4 预调研

4.4.1 样本描述

本研究的预调研测试数据来源于惠州白鹭湖雅居乐喜来登度假酒店与惠州金海湾喜来登度假酒店。在客人入住与退房都必经的酒店大堂采取方便抽样的方式进行预调研数据收集，预测试样本抽样时间为2019年5月13日—15日，根据两家酒店客房数量，分别发放70份与50份，共发放问卷120份，回收问卷106份。剔除空白、填写不完整与选项呈现明显规律性的问卷后，最终获得有效问卷100份，问卷回收率为88.3%，问卷有效率为83.3%。在回收的有效问卷中，女性占比为51%，年龄在20～40岁的占比为65%，教育程度为大专及以上学历的占比为55%，每年入住酒店10次以上的占比为88%，入住该品牌10～24次的人数最多，占比为43%，预调研样本中85%是酒店集团的常旅客会员，个体、私企和外企的职业人数最多占比为56%，82%的月收入在8000元以上。

4.4.2 项目分析

项目分析主要目的是检验量表或个别题项的切实或可靠程度，主要是通过检验样本中高分组和低分组对于每一题项作答时的差异。如果两者差异显著表示该题项可以鉴别出不同组别的不同反应程度，应予以保留；反之，则应该删除该题项。

本研究运用SPSS 24.0软件对预调研样本分维度做项目分析，采用27和73分位作为高低分组的标准（Cureton, 1957; Kelley, 1939）。即先将总分加总并由高到低排序，前27%的样本为高分组，后27%的样本为低分组，再将两组进行独立样本t检验以检验两者之间的差异是否具有显著性。

物理环境的项目分析结果见表4-7。表格内容显示，物理环境各题项"平均值等同性t检验"显著性均小于0.05，t值绝对值也均大于1.96，这表明高、低两组之间具有显著差异，所以物理环境的各题项暂时全部保留。

表4-7　物理环境项目分析结果

题项	莱文方差等同性检验		平均值等同性t检验				分组	样本数	平均值	标准差
	F	显著性	t	自由度	显著性	平均差				
PE1	3.253	0.076	−5.569	53	0.000	−1.404	低	34	4.53	0.788
			−5.610	47.023	0.000	−1.404	高	30	5.93	0.640
PE2	1.929	0.170	−8.673	53	0.000	−1.859	低	34	4.44	0.786
			−8.818	30.030	0.000	−1.859	高	30	6.30	0.596
PE3	7.878	0.007	−10.641	53	0.000	−2.108	低	34	4.56	0.860
			−10.725	45.894	0.000	−2.108	高	30	6.67	0.479

顾客之间的项目分析结果见表4-8。表格内容显示，顾客之间各题项"平均值等同性t检验"显著性均小于0.05，t值绝对值也均大于1.96，这表明高、低两组之间具有显著差异，所以顾客之间的各题项暂时全部保留。

表4-8　顾客之间项目分析结果

题项	莱文方差等同性检验		平均值等同性t检验				分组	样本数	平均值	标准差
	F	显著性	t	自由度	显著性	平均差				
IC1	0.021	0.884	−7.846	82	0.000	−1.286	低	42	4.55	0.739
			−7.846	81.922	0.000	−1.286	高	42	5.83	0.762
IC2	3.820	0.054	−7.782	82	0.000	−1.405	低	42	4.67	0.902
			−7.782	79.202	0.000	−1.405	高	42	6.07	0.745
IC3	6.129	0.015	−8.119	82	0.000	−1.762	低	42	4.26	1.170
			−8.119	71.461	0.000	−1.762	高	42	6.02	0.780

员工顾客的项目分析结果见表4-9。表格内容显示,员工顾客各题项"平均值等同性t检验"显著性均小于0.05,t值绝对值也均大于1.96,这表明高、低两组之间具有显著差异,所以员工顾客的各题项暂时全部保留。

表4-9 员工顾客项目分析结果

题项	莱文方差等同性检验		平均值等同性t检验				分组	样本数	平均值	标准差
	F	显著性	t	自由度	显著性	平均差				
EC1	0.621	0.433	−5.932	89	0.000	−0.935	低	42	5.31	0.811
			−5.861	81.210	0.000	−0.935	高	49	6.24	0.693
EC2	0.609	0.437	−6.129	89	0.000	−0.878	低	42	5.29	0.708
			−6.093	84.487	0.000	−0.878	高	49	6.16	0.657
EC3	0.033	0.856	−6.257	89	0.000	−1.010	低	42	5.07	0.808
			−6.209	83.578	0.000	−1.010	高	49	6.08	0.731
EC4	3.270	0.074	−6.890	89	0.000	−0.993	低	42	5.05	0.795
			−6.725	73.485	0.000	−0.993	高	49	6.04	0.576
EC5	2.639	0.108	−3.556	89	0.001	−0.527	低	42	5.88	0.803
			−3.483	75.756	0.001	−0.527	高	49	6.41	0.610
EC6	0.226	0.635	−7.572	89	0.000	−1.150	低	42	4.95	0.731
			−7.559	86.237	0.000	−1.150	高	49	6.10	0.714
EC7	0.699	0.406	−5.814	89	0.000	−1.051	低	42	4.93	0.947
			−5.727	79.379	0.000	−1.051	高	49	5.98	0.777
EC8	1.033	0.312	−5.842	89	0.000	−0.861	低	42	5.40	0.734
			−5.801	83.893	0.000	−0.861	高	49	6.27	0.670

情感价值的项目分析结果见表4-10。表格内容显示,情感价值各题项"平均值等同性t检验"显著性均小于0.05,t值绝对值也均大于1.96,这表明高、低两组之间具有显著差异,所以情感价值的各题项暂时全部保留。

表4-10　情感价值项目分析结果

题项	莱文方差等同性检验		平均值等同性t检验				分组	样本数	平均值	标准差
	F	显著性	t	自由度	显著性	平均差				
EV1	0.255	0.615	−8.853	95	0.000	−1.113	低	38	4.92	0.587
			−8.942	81.708	0.000	−1.113	高	59	6.03	0.615
EV2	0.333	0.565	−8.582	95	0.000	−1.149	低	38	4.87	0.578
			−8.897	88.020	0.000	−1.149	高	59	6.02	0.682
EV3	1.003	0.319	−7.650	95	0.000	−0.989	低	38	5.32	0.574
			−7.859	85.915	0.000	−0.989	高	59	6.31	0.650

价格价值的项目分析结果见表4-11。表格内容显示，价格价值各题项"平均值等同性t检验"显著性均小于0.05，t值绝对值也均大于1.96，这表明高、低两组之间具有显著差异，所以价格价值的各题项暂时全部保留。

表4-11　价格价值项目分析结果

题项	莱文方差等同性检验		平均值等同性t检验				分组	样本数	平均值	标准差
	F	显著性	t	自由度	显著性	平均差				
PV1	1.070	0.303	−7.085	97	0.000	−1.079	低	42	4.50	0.707
			−7.189	92.740	0.000	−1.079	高	57	5.58	0.778
PV2	0.967	0.328	−8.572	97	0.000	−1.306	低	42	4.57	0.770
			−8.510	86.042	0.000	−1.306	高	57	5.88	0.734
PV3	0.003	0.960	−10.916	97	0.000	−1.373	低	42	4.71	0.554
			−11.216	95.390	0.000	−1.373	高	57	6.09	0.662

质量价值的项目分析结果见表4-12。表格内容显示，质量价值各题项"平均值等同性t检验"显著性均小于0.05，t值绝对值也均大于1.96，这表明高、低两组之间具有显著差异，所以质量价值的各题项暂时全部保留。

表4-12　质量价值项目分析结果

题项	莱文方差等同性检验		平均值等同性t检验				分组	样本数	平均值	标准差
	F	显著性	t	自由度	显著性	平均差				
QV1	0.017	0.896	−10.790	97	0.000	−1.427	低	38	4.74	0.601
			−11.040	84.415	0.000	−1.427	高	61	6.16	0.663
QV2	2.530	0.115	−8.402	97	0.000	−1.128	低	38	5.05	0.613
			−8.583	84.012	0.000	−1.128	高	61	6.18	0.671
QV3	0.175	0.676	−8.812	97	0.000	−1.283	低	38	4.68	0.662
			−9.015	84.388	0.000	−1.283	高	61	5.97	0.730

品牌偏好的项目分析结果见表4-13。表格内容显示，品牌偏好各题项"平均值等同性t检验"显著性均小于0.05，t值绝对值也均大于1.96，这表明高、低两组之间具有显著差异，所以品牌偏好的各题项暂时全部保留。

表4-13　品牌偏好项目分析结果

题项	莱文方差等同性检验		平均值等同性t检验				分组	样本数	平均值	标准差
	F	显著性	t	自由度	显著性	平均差				
BP1	1.551	0.217	−7.194	78	0.000	−1.493	低	43	4.21	1.036
			−7.349	76.637	0.000	−1.493	高	37	5.70	0.777
BP2	6.946	0.010	−9.989	78	0.000	−1.848	低	43	4.40	0.979
			−10.343	70.696	0.000	−1.848	高	37	6.24	0.597
BP3	0.004	0.949	−10.853	78	0.000	−1.926	低	43	4.05	0.844
			−10.976	78.000	0.000	−1.926	高	37	5.97	0.726
BP4	5.173	0.026	−8.535	78	0.000	−1.872	低	43	4.05	1.174
			−8.862	69.026	0.000	−1.872	高	37	5.92	0.682
BP5	6.421	0.013	−8.143	78	0.000	−1.546	低	43	4.70	0.989
			−8.399	72.806	0.000	−1.546	高	37	6.24	0.641

态度忠诚的项目分析结果见表4-14。表格内容显示，态度忠诚各题项"平均值等同性t检验"显著性均小于0.05，t值绝对值也均大于1.96，这表明高、低两组之间具有显著差异，所以态度忠诚的各题项暂时全部保留。

表4-14　态度忠诚项目分析结果

题项	莱文方差等同性检验		平均值等同性t检验				分组	样本数	平均值	标准差
	F	显著性	t	自由度	显著性	平均差				
BAL1	2.411	0.124	−8.607	80	0.000	−1.333	低	40	5.00	0.716
			−8.598	79.339	0.000	−1.333	高	42	6.33	0.687
BAL2	5.048	0.027	−10.515	80	0.000	−2.058	低	40	3.78	1.050
			−10.414	67.247	0.000	−2.058	高	42	5.83	0.696
BAL3	0.606 2.411	0.439 0.124	−11.735	80	0.000	−2.238	低	40	4.00	1.038
			−11.611	65.304	0.000	−2.238	高	42	6.24	0.656
			−8.607	80	0.000	−1.333	高	40	5.00	0.716

行为忠诚的项目分析结果见表4-15。表格内容显示，行为忠诚各题项"平均值等同性 t 检验"显著性均小于0.05，t 值绝对值也均大于1.96，这表明高、低两组之间具有显著差异，所以行为忠诚的各题项暂时全部保留。

表4-15 行为忠诚项目分析结果

题项	莱文方差等同性检验		平均值等同性 t 检验				分组	样本数	平均值	标准差
	F	显著性	t	自由度	显著性	平均差				
BBL1	12.400	0.001	−10.524	85	0.000	−1.559	低	37	4.54	0.836
			−9.897	57.893	0.000	−1.559	高	50	6.10	0.544
BBL2	0.015	0.904	−10.276	85	0.000	−1.764	低	37	4.22	0.821
			−10.175	74.764	0.000	−1.764	高	50	5.98	0.769
BBL3	0.134 12.400	0.716 0.001	−10.082	85	0.000	−1.464	低	37	4.68	0.626
			−10.253	81.922	0.000	−1.464	高	50	6.14	0.700
			−10.524	85	0.000	−1.559	高	37	4.54	0.836

4.4.3 信度检验

信度是对于量表所测结果稳定性和一致性的一种检验，信度越高表示测量标准误的越小，其常用的方法是由Cronbach所创立的内部一致性系数（Cronbach's α）作为评判标准，尤其在社会科学研究领域中更是如此（吴明隆，2010；梁建、刘芳舟、樊景立，2017）。因此本研究中对于量表的信度采用Cronbach's α作为评判标准。

对于Cronbach's α系数的最小可接受的值，社会科学研究领域中也没有一致的看法。有学者认为0.7以上为最低可接受值（Nunnally, 1978; DeVellis, 1991），也有学者认为0.8是最低的可接受值（Gay, 1992）；除此之外，项间相关性系数（Item-Item Correlation）和修正后项目总相关系数（Corrected Item-Total Correlation, CITC）也是评判量表题项质量的重要标准。

本研究中，信度检验内部一致性系数采用的最低可接受值为0.7，同时对于项间相关性系数小于0.3的题项以及修正后项目总相关系数小于0.5的题项，综合考虑是否删除（Hair, Black, Babin, Anderson, 2010）。

利用SPSS 24.0将预测试回收的有效问卷进行信度分析，物理环境初始问卷信度分析结果如表4-16所示，物理环境项间相关性系数以及修正后项目总相关系数均符合标准，所有题项均可以保留。

表4-16 物理环境初始问卷信度分析结果

项目	PE1	PE2	PE3	CITC	Cronbach's α
PE1	1			0.665	
PE2	0.623	1		0.667	0.8
PE3	0.555	0.562	1	0.62	

利用SPSS 24.0将预测试回收的有效问卷进行信度分析，顾客之间初始问卷信度分析结果如表4-17所示，顾客之间项间相关性系数以及修正后项目总相关系数均符合标准，所有题项均可以保留。

表4-17 顾客之间初始问卷信度分析结果

项目	IC1	IC2	IC3	CITC	Cronbach's α
IC1	1			0.551	
IC2	0.534	1		0.651	0.758
IC3	0.454	0.575	1	0.59	

利用SPSS 24.0将预测试回收的有效问卷进行信度分析，员工顾客初始问卷信度分析发现，题项5、7项间相关性系数以及修正后项目总相关系数不符合标准，予以删除并重新进行信度分析，结果如表4-18所示，员工顾客项间相关性系数以及修正后项目总相关系数符合标准，题项1、2、3、4、6、8保留进入下一步分析。

表4-18 员工顾客初始问卷信度分析结果

项目	EC1	EC2	EC3	EC4	EC6	EC8	CITC	Cronbach's α
EC1	1						0.576	
EC2	0.593	1					0.683	
EC3	0.44	0.579	1				0.655	0.842
EC4	0.527	0.619	0.621	1			0.728	
EC6	0.33	0.395	0.447	0.458	1		0.554	
EC8	0.337	0.374	0.391	0.481	0.517	1	0.545	

利用SPSS 24.0将预测试回收的有效问卷进行信度分析，情感价值初始问卷信度分析结果如表4-19所示，情感价值项间相关性系数以及修正后项目总相关系数均符合标准，所有题项均可以保留。

表4-19　情感价值初始问卷信度分析结果

项目	EV1	EV2	EV3	CITC	Cronbach's α
EV1	1			0.612	
EV2	0.602	1		0.602	0.732
EV3	0.417	0.407	1	0.46	

利用SPSS 24.0将预测试回收的有效问卷进行信度分析，价格价值初始问卷信度分析结果如表4-20所示，价格价值项间相关性系数以及修正后项目总相关系数均符合标准，所有题项均可以保留。

表4-20　价格价值初始问卷信度分析结果

项目	PV1	PV2	PV3	CITC	Cronbach's α
PV1	1			0.63	
PV2	0.603	1		0.674	0.793
PV3	0.51	0.569	1	0.603	

利用SPSS 24.0将预测试回收的有效问卷进行信度分析，质量价值初始问卷信度分析结果如表4-21所示，质量价值项间相关性系数以及修正后项目总相关系数均符合标准，所有题项均可以保留。

表4-21　质量价值初始问卷信度分析结果

项目	QV1	QV2	QV3	CITC	Cronbach's α
QV1	1			0.613	
QV2	0.597	1		0.721	0.813
QV3	0.526	0.664	1	0.661	

利用SPSS 24.0将预测试回收的有效问卷进行信度分析，品牌偏好初始问卷信度分析结果如表4-22所示，品牌偏好项间相关性系数以及修正后项目总相关系数均符合标准，所有题项均可以保留。

表4-22　品牌偏好初始问卷信度分析结果

项目	BP1	BP2	BP3	BP4	BP5	CITC	Cronbach's α
BP1	1	0.657	0.688	0.607	0.556	0.722	
BP2	0.657	1	0.753	0.654	0.579	0.77	
BP3	0.688	0.753	1	0.711	0.647	0.826	0.905
BP4	0.607	0.654	0.711	1	0.7	0.778	
BP5	0.556	0.579	0.647	0.7	1	0.715	

利用SPSS 24.0将预测试回收的有效问卷进行信度分析，态度忠诚初始问卷信度分析结果如表4-23所示，态度忠诚项间相关性系数以及修正后项目总相关系数均符合标准，所有题项均可以保留。

表4-23 态度忠诚初始问卷信度分析结果

项目	BAL1	BAL2	BAL3	CITC	Cronbach's α
BAL1	1			0.653	0.869
BAL2	0.649	1		0.845	
BAL3	0.604	0.837	1	0.812	

利用SPSS 24.0将预测试回收的有效问卷进行信度分析，行为忠诚初始问卷信度分析结果如表4-24所示，行为忠诚项间相关性系数以及修正后项目总相关系数均符合标准，所有题项均可以保留。

表4-24 行为忠诚初始问卷信度分析结果

项目	BBL1	BBL2	BBL3	CITC	Cronbach's α
BBL1	1			0.694	0.838
BBL2	0.677	1		0.748	
BBL3	0.577	0.651	1	0.673	

4.5 正式调研问卷

通过前期预调研回收数据进行项目分析与信度分析，综合考虑了问卷发放过程中被试者的填写与理解便利性，对初始问卷进行了以下三步修正以形成了本研究的正式调研问卷。

① 删除部分题项。将问卷题项服务接触中的EC5与EC7删除后，EC的总量表的Cronbach's α系数为0.842，保持了良好的信度，基于此形成了本研究的四个构面的32个主要问项。

② 修订问卷问项内容。本研究的问卷问项多来自成熟量表，但由于翻译能力与中外文化背景的差异，需要重新审视问项的内容，目的是让问项的表达意义与研究所期望进行测量的内容在语义上保持一致。基于此，本章对如下题项内容进行了修正：品牌忠诚中的BBL1"我会持续购买该品牌产品"调整为"我会持续购买该品牌"；QV1"该酒店总能提供优质服务"调整为"该酒店服

务质量优秀"。

③ 修订卷首语。卷首语主要是对问卷的大体情况进行说明，以方便被试者更好理解本研究，增强被试者填写的效率与质量。被试者存在带走问卷填写的情况，若此时对问卷问项等有异议，没法直接沟通与交流，故增加联系邮箱，以方便交流与问卷回收。与此同时，为方便对回收问卷质量进行追溯，增加问卷编号。

经过以上修正与调整，形成了由问卷编号、卷首语（包括问卷填写说明）、四个变量的测量与个人基本信息四部分内容组成的正式调研问卷，四个变量测量题项共32个，个人信息7项，具体见附录2。

4.6 本章小结

本章首先确定了行业与研究对象，并对行业与研究对象的选择理由进行了阐述。在此基础上，参考相关学者研究成果，遵循问卷设计的6条原则与4个步骤设计完成了初始问卷。在预调研之前进行了小规模访谈，修正了部分测量题项，对修正后的初始问卷进行预调研。对预调研的数据进行信度与效度检验后，形成了文章的正式问卷。预调研与正式问卷的形成，为后续章节的问卷调查与数据分析、研究结果与结果讨论以及研究结论与研究展望奠定了基础。

第 5 章
问卷调查与数据分析

5.1 数据调研与样本描述性分析

5.1.1 数据调研

本章的研究对象是广东省内喜来登度假酒店的顾客,为更好地进行数据收集以确保数据收集流程的合理性与代表性,对问卷发放区域、问卷发放流程与管道以及有效问卷的判定进行了考虑。

(1) 区域筛选

为更好地进行数据收集以确保数据收集流程的合理性与代表性,同时考虑到研究样本获取的效率,主要将正式研究的样本酒店确定在广东的深圳、惠州、清远与湛江。选择上述区域的原因如下:

① 广东作为中国经济发达地区,度假型酒店除了度假功能外也承接了很多大型会议,客源市场不仅涵盖珠三角在内的广东省内客源,也涵盖了省外客源,广东区域具有代表性。

② 深圳是大湾区的核心城市之一,惠州是粤东区域重要的制造业与旅游城市,清远是粤北地区重要的旅游城市,湛江是粤西地区重要的中心城市,四个城市的区域涵盖了珠三角、粤东、粤北与粤西重要的节点代表性城市,可以涵盖到不同经济发展水平与不同层次的顾客,城市区位与样本酒店选择具有代表性。

③ 考虑到所在单位与酒店集团及其品牌合作的深度与广度,与广东省内这几家样本酒店建立了多种广泛的密切联系,能够为访谈、调研、问卷发放与问卷回收等数据收集环节提供多种便利,提升了研究的可行性与数据收集效率。

(2) 渠道流程

2019年9—11月,在深圳、惠州、清远与湛江通过两种渠道发放并回收问卷。

① 在提前与酒店进行沟通协调并得到酒店支持的情况下,到酒店客流相对集中的大堂区域进行现场问卷发放,邀请顾客到大堂填写问卷,对愿意参与问卷填写的顾客给予小礼物感谢。

② 提前与酒店进行沟通协调,对问卷涉及的研究问题与具体内容进行详细说明,通过与酒店的校企合作关系,酒店协助发放部分纸质版问卷。实习生

将回收的纸质版问卷进行汇总后，统一进行回收。

（3）问卷判定

对回收的问卷进行有效性筛选与判定是后续进行数据分析的基础，已回收问卷出现如下三个标准中的任一情况均可以判定问卷为无效问卷。

① 出现漏选题项。
② 作答选项呈现出明显的规律性。
③ 前后选项存在明显矛盾。

5.1.2 样本的描述性统计

此次正式问卷调研过程中，两种渠道分别发放问卷480份、120份，分别回收问卷402份与96份，问卷回收率分别为83.8%与80%；两种渠道回收的有效问卷分别为302份与63份，问卷的有效率分别为62.9%与52.5%。采用SPSS 23.0软件对回收的样本数据进行描述性统计分析，分析结果如表5-1所示。

由表5-1可以看出样本的最小值与最大值、均值、标准差、方差、偏度与峰度。各变量的均值集中分布在4.67～5.88之间，各变量的标准差集中分布在0.77～1.17，变量的方差集中分布在0.60～1.36，所有变量的偏度绝对值均不超过0.77，峰度的绝对值均未超过2.14。Kline（1998）研究认为偏度的绝对值小于3，峰度的绝对值小于10，可以说明研究样本的数据基本服从正态分布。从表5-1的数据可以认为本研究的正式样本数据质量良好，服从正态分布特征，适合进行后续的分析研究。

表5-1 样本描述性统计分析

项目	N	范围	最小值	最大值	均值		标准差	方差	偏度		峰度	
	统计	统计	统计	统计	统计	标准误差	统计	统计	统计	标准误差	统计	标准误差
PE1	365	5.00	2.00	7.00	5.3918	0.04276	0.81702	0.668	−0.408	0.128	0.741	0.255
PE2	365	5.00	2.00	7.00	5.5370	0.04742	0.90595	0.821	−0.467	0.128	0.586	0.255
PE3	365	5.00	2.00	7.00	5.5507	0.04910	0.93807	0.880	−0.258	0.128	−0.138	0.255
IC1	365	6.00	1.00	7.00	5.3616	0.05149	0.98375	0.968	−0.410	0.128	0.404	0.255
IC2	365	5.00	2.00	7.00	5.4219	0.04946	0.94495	0.893	−0.284	0.128	−0.258	0.255
IC3	365	6.00	1.00	7.00	5.1562	0.05650	1.07940	1.165	−0.393	0.128	0.634	0.255
EC1	365	4.00	3.00	7.00	5.8822	0.04196	0.80167	0.643	−0.363	0.128	−0.134	0.255

续表

项目	N 统计	范围 统计	最小值 统计	最大值 统计	均值 统计	均值 标准误差	标准差 统计	方差 统计	偏度 统计	偏度 标准误差	峰度 统计	峰度 标准误差
EC2	365	4.00	3.00	7.00	5.8055	0.04365	0.83401	0.696	−0.393	0.128	−0.180	0.255
EC3	365	4.00	3.00	7.00	5.6247	0.04669	0.89193	0.796	−0.217	0.128	−0.565	0.255
EC4	365	6.00	1.00	7.00	5.6411	0.04407	0.84187	0.709	−0.770	0.128	2.139	0.255
EC5	365	4.00	3.00	7.00	5.5096	0.04840	0.92466	0.855	−0.217	0.128	−0.645	0.255
EC6	365	4.00	3.00	7.00	5.7726	0.04425	0.84536	0.715	−0.481	0.128	0.024	0.255
EV1	365	4.00	3.00	7.00	5.5863	0.04037	0.77128	0.595	−0.292	0.128	0.115	0.255
EV2	365	4.00	3.00	7.00	5.5123	0.04117	0.78655	0.619	−0.160	0.128	−0.230	0.255
EV3	365	3.00	4.00	7.00	5.8164	0.04256	0.81318	0.661	−0.299	0.128	−0.386	0.255
PV1	365	5.00	2.00	7.00	5.0959	0.04455	0.85106	0.724	0.084	0.128	−0.314	0.255
PV2	365	5.00	2.00	7.00	5.2356	0.04638	0.88600	0.785	−0.265	0.128	−0.212	0.255
PV3	365	4.00	3.00	7.00	5.5808	0.04431	0.84656	0.717	−0.310	0.128	−0.368	0.255
QV1	365	5.00	2.00	7.00	5.5699	0.04700	0.89790	0.806	−0.394	0.128	0.073	0.255
QV2	365	3.00	4.00	7.00	5.6959	0.04243	0.81072	0.657	−0.199	0.128	−0.424	0.255
QV3	365	5.00	2.00	7.00	5.5068	0.04824	0.92171	0.850	−0.306	0.128	−0.169	0.255
BP1	365	6.00	1.00	7.00	4.8986	0.05038	0.96255	0.927	−0.446	0.128	0.677	0.255
BP2	365	5.00	2.00	7.00	5.2110	0.05182	0.99000	0.980	−0.638	0.128	0.564	0.255
BP3	365	6.00	1.00	7.00	4.8411	0.05109	0.97606	0.953	−0.354	0.128	0.555	0.255
BP4	365	6.00	1.00	7.00	4.6740	0.06099	1.16520	1.358	−0.379	0.128	0.125	0.255
BP5	365	6.00	1.00	7.00	5.1945	0.05097	0.97382	0.948	−0.291	0.128	0.465	0.255
BAL1	365	5.00	2.00	7.00	5.4137	0.04562	0.87161	0.760	−0.284	0.128	0.115	0.255
BAL2	365	6.00	1.00	7.00	4.8438	0.05986	1.14366	1.308	−0.433	0.128	0.019	0.255
BAL3	365	5.00	2.00	7.00	4.9562	0.05815	1.11101	1.234	−0.239	0.128	−0.114	0.255
BBL1	365	5.00	2.00	7.00	5.1945	0.05356	1.02334	1.047	−0.196	0.128	−0.164	0.255
BBL2	365	5.00	2.00	7.00	5.0356	0.05706	1.09009	1.188	−0.148	0.128	−0.352	0.255
BBL3	365	5.00	2.00	7.00	5.3726	0.05229	0.99907	0.998	−0.335	0.128	−0.141	0.255

5.1.3 样本人口统计学特征

对回收的365份有效问卷,采用SPSS 23.0进行人口统计学特征的分析,详细结果见表5-2。

从表5-2可以看出,在365位受访者样本中,男性人数为191,女性人数为174,男女人数在性别上基本相当;就受访者样本的年龄来看,20~40岁的被试者人数为269,占被试总人数的75.6%,这与高星级酒店行业顾客群体相关报告与研究中高星级酒店(包括度假酒店与商务酒店)顾客群体趋向年轻化的研究成果与结论具有一致性(搜狐网,2017);在365位受访者的受教育程度中,本科及以上学历有137位,占比为37.6%,占比最大,这可能与高星级酒店的顾客学历较高有关;365位受访者的年度入住该酒店品牌次数9次以下的人数达到了272位,占比为74.5%,20~49房晚的金卡以上会员只有6位,占比为1.6%;365位受访者中非会员人数为229位,占比为62.7%;从职业来看,365位受访者中,外企与私企有179位,占比为49%,接近受访者总数的一半;365位受访者的收入中,8000元及以上月收入的有212位,占比为58.1%,超过了受访者总数的一半。

表5-2 正式问卷人口统计学信息

变量	类别	频次	百分比/%	累计百分比/%
性别	男	191	52.3	52.3
	女	174	47.7	100.0
年龄	<20	7	1.9	1.9
	20~30	151	41.4	43.3
	30~40	118	32.3	75.6
	40~50	59	16.2	91.8
	>50	30	8.2	100.0
文化程度	高中以下	89	24.4	24.4
	高中与中专	63	17.3	41.6
	大专	76	20.8	62.5
	本科	116	31.8	94.2
	研究生及以上	21	5.8	100.0
住该品牌次数	9次以下	272	74.5	74.5
	10~24次	87	23.8	98.4

续表

变量	类别	频次	百分比/%	累计百分比/%
住该品牌次数	25~49次	6	1.6	100.0
	50~74次	0	0	0
	75次以上	0	0	0
是否为会员	是	136	37.3	37.3
	否	229	62.7	100.0
职业	个体从业	34	9.3	9.3
	国企	59	16.2	25.5
	事业单位与公务员	28	7.7	33.2
	外企与私企	179	49.0	82.2
	自由职业	30	8.2	90.4
	学生	28	7.7	98.1
	退休人员	0	0	98.1
	其他	7	1.9	100
月收入/元	5000以下	44	12.1	12.1
	5001~8000	109	29.9	41.9
	8001~12000	127	34.8	76.7
	12001以上	85	23.3	100.0

5.2 测量模型

5.2.1 信度分析

信度是对于量表所测结果稳定性和一致性的一种检验，信度越高表示测量标准误差越小。对于信度的评估可以采用Cronbach's α系数来衡量（吴明隆，2010），也有学者建议利用组成信度（composite reliability, CR）和平均方差萃取量（average variance extracted, AVE）来衡量变量的信度（Ribeiro, Pinto, Silva, Woosnam, 2017）。尽管Fornell, Larcker（1981）认为CR对于变量信度的衡量效果要优于Cronbach's α系数，但是本研究同时采用Cronbach's α与CR值来衡量各变量的信度，结果见表5-3。由表5-3分析结果可知，本研究各构面的Cronbach's α系数在0.707和0.865之间，达到了0.7的最低标准（Nunnally，

1978; DeVillis，1991）；CR值在0.837和0.918之间，符合0.7的最低要求（Hair Jr, Black, Babin, Anderson，2010）。因此，本研究测量模型具有足够的信度。

表5-3 正式问卷信度、收敛效度分析

变量	题项	因素负荷量	Cronbach's α	组成信度	平均方差萃取量
品牌态度忠诚	BAL1	0.815	0.843	0.906	0.762
	BAL2	0.893			
	BAL3	0.908			
品牌行为忠诚	BBL1	0.903	0.865	0.918	0.788
	BBL2	0.894			
	BBL3	0.865			
品牌偏好	BP1	0.714	0.859	0.898	0.639
	BP2	0.810			
	BP3	0.830			
	BP4	0.833			
	BP5	0.806			
员工顾客	EC1	0.773	0.726	0.845	0.646
	EC3	0.824			
	EC5	0.813			
情感价值	EV1	0.850	0.761	0.863	0.677
	EV2	0.823			
	EV3	0.794			
顾客之间	IC1	0.826	0.729	0.847	0.649
	IC2	0.811			
	IC3	0.778			
物理环境	PE1	0.829	0.707	0.837	0.631
	PE2	0.798			
	PE3	0.755			
价格价值	PV1	0.820	0.775	0.869	0.689
	PV2	0.857			
	PV3	0.814			
质量价值	QV1	0.865	0.817	0.891	0.732
	QV2	0.847			
	QV3	0.854			

5.2.2 效度分析

(1) 收敛效度

收敛效度是指在测验过程中,测量相同潜在特质或构念的指标变量(观察变量)会位于相同的因素层面中(吴明隆,2010)。对于收敛效度的检验可以通过标准化因素负荷量和AVE值来反映(Ribeiro等,2017;吴明隆,2013;Hair等,2010)。由表5-3分析结果可知,各题项的标准化因素负荷量在0.714和0.908之间,均达到了0.6的最低接受值(Bagozzi, Yi, 2012),各变量的AVE值在0.631和0.788之间,符合0.5的最低数值要求(Fornell, Larcker, 1981)。因此,本研究整体测量模型具有足够的收敛效度。

(2) 区别效度

区别效度是指变量所代表的潜在特质与其他变量的潜在特质间低度相关或有显著的差异存在(吴明隆,2013)。Fornell, Larcker(1981)建议验证变量之间的区别效度,可以利用每一个变量的AVE的算术平方根是否大于该变量与其他变量之间的相关性系数(皮尔森相关)进行判断,如果某一变量的AVE的算术平方根大于其与其他变量之间的相关性系数,则测量模型具备区别效度,反之则不具备区别效度。本研究中区别效度分析结果见表5-4。

由表5-4可知,本研究中九个变量的AVE的算术平方根均大于其与其他变量之间相对应的相关性系数,所以根据Fornell, Larcker(1981)所建议的区别效度判别方法,本研究中的测量模型具备较好的区别效度。

表5-4 区别效度分析结果

变量	BAL	BBL	BP	EC	EV	IC_	PE	PV	QV
BAL	0.873								
BBL	0.717	0.888							
BP	0.695	0.663	0.8						
EC	0.417	0.428	0.454	0.804					
EV	0.447	0.426	0.481	0.676	0.823				
IC_	0.329	0.33	0.416	0.558	0.496	0.805			
PE	0.384	0.307	0.406	0.552	0.574	0.416	0.794		
PV	0.498	0.497	0.566	0.6	0.647	0.539	0.534	0.83	
QV	0.49	0.496	0.544	0.71	0.688	0.528	0.561	0.718	0.855

注:对角线数值为相应变量AVE的算术平方根,对角线以下数值为变量间的相关性系数。

5.2.3 共线性检测

从表5-5可以看出，本研究所有变量的方差膨胀系数（VIF）绝大多数在3以下，Beckr, Ringle, Sarstedt, Völckner（2015）认为VIF值在理想情况下应该接近3或更低，但VIF值在3～5之间也是较为理想的值。因此，可以认为本研究中共线性问题不严重，对研究结果的影响有限，可以不予考虑。

表5-5 变量VIF分析结果

变量	BL	BP	CEV	SE
BL				
BP	1.569			
CEV	3.175	2.776		
SE	2.797	2.776	1	

5.3 结构模型检验

5.3.1 R Square 与 Q Square

由表5-6可知，服务接触（SE）解释了顾客体验价值（CEV）的64%方差；服务接触（SE）与顾客体验价值（CEV）解释了品牌偏好（BP）的36.3%方差；服务接触（SE）、顾客体验价值（CEV）与品牌偏好（BP）解释了品牌忠诚（BL）的56.7%方差，Cohen（2013）研究认为R^2的值处于0.02～0.15解释力偏弱，R^2的值处于0.15～0.35具有中等解释力，R^2的值大于0.35，具有较强解释力。Kang（2019）认为Q^2的值大于0，说明预测力较高。由表5-6的数据可知，所有Q^2均大于0.213，说明外生变量服务接触（SE）对内生变量顾客体验价值（CEV）、品牌偏好（BP）与品牌忠诚（BL）具有较高预测力。

表5-6 R Square 与 Q Square 分析结果

变量	R^2	SSO	残差平方和（SSE）	Q^2（=1-SSE/SSO）
BL	0.567	2190.00	1420.18	0.352
BP	0.363	1825.00	1435.38	0.213
CEV	0.64	3285.00	2205.40	0.329

5.3.2 路径分析

由路径分析的主要目的和作用在于检验各潜变量之间的关系，从而对模型各潜变量之间的显著性和预测力做出判断和推论。本研究采用自助法（样本抽取2000次）对变量之间的显著性进行验证，并以f^2来评判路径关系对模型的影响力（effect size），Cohen（2013）研究认为f^2的值处于0.02～0.15影响力偏弱，f^2的值处于0.15～0.35具有中等影响力，f^2的值大于0.35具有较好影响力。路径分析结果如图5-1和表5-7所示。

由表5-7可知，服务接触对顾客体验价值具有正向显著影响（$\beta=0.800$，$P<0.001$，$f^2=1.776$，P值为0.000），从而支持了假设1；服务接触对品牌忠诚未产生显著影响（$\beta=-0.008$，$P=0.892$，$f^2=0$，P值为0.892），假设2不成立；顾客体验价值对品牌忠诚具有正向显著影响（$\beta=0.225$，$P=0.001$，$f^2=0.037$，P值为0.001），从而支持了假设3；服务接触对品牌偏好未产生显著影响（$\beta=0.117$，$P=0.098$，$f^2=0.008$，P值为0.098），假设4不成立；品牌偏好对品牌忠诚具有正向显著影响（$\beta=0.602$，$P<0.001$，$f^2=0.534$，P值为0.000），从而支持了假设5；顾客体验价值对品牌偏好具有正向显著影响（$\beta=0.504$，$P<0.001$，$f^2=0.144$，P值为0.000），从而支持了假设6。

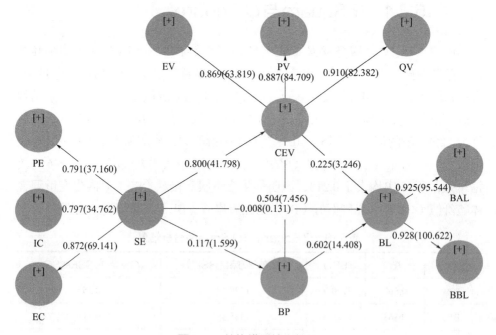

图5-1　结构模型输出结果

表5-7 路径分析结果

假设	路径关系	β值	T值	P值	f^2	结果
H1	SE→CEV	0.800	38.136	0.000	1.776	支持
H2	SE→BL	−0.008	0.136	0.892	0	不支持
H3	CEV→BL	0.225	3.198	0.001	0.037	支持
H4	SE→BP	0.117	1.659	0.098	0.008	不支持
H5	BP→BL	0.602	14.276	0.000	0.534	支持
H6	CEV→BP	0.504	7.524	0.000	0.144	支持

注：SE=服务接触；CEV=顾客体验价值；BP=品牌偏好；BL=品牌忠诚。

5.3.3 中介分析

对于中介效应的检验，运用最为广泛的是因果法（Baron, Kenny, 1986），但是因果法由于其检定力不足而饱受诟病（Fritz, MacKinnon, 2007）。因此为了弥补这一缺陷，间接效果法应运而生，其中以Sobel test运用最为广泛（Hayes, 2009）。Sobel test最主要的缺陷在于其要求中介效应符合正态分布，而中介效应通常并不符合正态分布。所以本研究采用信赖区间法（bootstrap method）进行间接效应的检验，这种方法也是最具效度和检定力的方法（Williams, MacKinnon, 2008）。本研究中采用信赖区间法进行2000次抽取和95%的置信区间，结果见表5-8。

表5-8 中介效应分析结果

路径	B	均值	标准误	T值	P值	结果
SE→BP→BL	0.243	0.245	0.038	6.428	0.000	支持
SE→CEV→BL	0.071	0.070	0.042	1.674	0.095	不支持
SE→CEV→BP	0.180	0.179	0.056	3.188	0.002	支持
SE＞CEV＞BP＞BL	0.243	0.245	0.038	6.428	0.000	支持

注：SE=服务接触；CEV=顾客体验价值；BP=品牌偏好；BL=品牌忠诚。

由表5-8中介效应分析结果可知，路径SE→BP→BL中（$T=6.428$，$P<0.05$），T值大于1.96，P值小于0.05，BP在SE对BL的影响关系中发挥中

介效应；路径SE→CEV→BL（$T=1.647$，$P=0.095$），T值小于1.96，P值大于0.05，则CEV在SE对BL的影响关系中，没有中介效应，因此H7未得到支持。由于SE→BL的路径不显著，SE→CEV→BL路径不显著，则BP在SE与BL的关系，扮演着完全中介的作用，因此H8得到支援。

在路径SE→CEV→BP中（$T=3.188$，$P=0.002$），T值大于1.96，P小于0.05，即CEV在SE对BP的影响过程中发挥了中介效应。由于SE→BP的路径不显著，所以CEV在SE与BP的关系中，扮演着完全中介的作用，因此H9得到支援。

在路径SE→CEV→BP→BL中（$T=6.428$，$P<0.05$），T值大于1.96，P小于0.05，即CEV与BP在SE对BL的影响过程中发挥了远程中介效应。

根据以上模型检验结果，同本研究之假设验证，将假设验证结果汇总见表5-9。

表5-9 研究假设验证结果汇总

项目	研究假设	验证结果
H1	服务接触对顾客体验价值有显著正向影响作用	支持
H2	服务接触对品牌忠诚有显著正向影响作用	不支持
H3	顾客体验价值对品牌忠诚有显著正向影响作用	支持
H4	服务接触对品牌偏好有显著正向影响作用	不支持
H5	品牌偏好对品牌忠诚有显著正向影响作用	支持
H6	顾客体验价值对品牌偏好有显著正向影响作用	支持
H7	顾客体验价值在服务接触与品牌忠诚之间具有中介作用	不支持
H8	品牌偏好在服务接触与品牌忠诚之间具有中介作用	支持
H9	顾客体验价值在服务接触与品牌偏好之间具有中介作用	支持

5.4 方差分析

为了检查惠州白鹭湖雅居乐喜来登度假酒店、清远狮子湖喜来登度假酒店、深圳大梅沙京基喜来登度假酒店与湛江民大喜来登度假酒店顾客人口统计学属性在各变量上的差异性，本研究采用SPSS 23.0对四个酒店顾客的年龄、文化程度、每年入住该品牌次数、职业、月收入、性别与会员情况在各变量上的差异性进行方差分析。

5.4.1 不同年龄顾客在各变量上的差异性

采用SPSS 23.0的ANOVA分析功能，对不同年龄顾客在物理环境、顾客顾客、员工顾客、情感价值、价格价值、质量价值、品牌偏好、品牌态度忠诚与品牌行为忠诚等变量上的差异性进行分析。从分析结果来看，不同年龄的顾客在这些变量上都没有太大的差异性，差别的程度尚未达到显著水平，可以说不同年龄顾客在各变量的差异性不大，详细结果见附录二（表附2-1）。

5.4.2 不同文化程度在各变量上的差异性

采用SPSS 23.0的ANOVA分析功能，对不同文化程度在各变量上的差异性进行分析，结果见附录二（表附2-2）。从研究结果中可以发现，除了价格价值在不同文化程度间表现出差异性（显著水平达到95%以上），其余各变量在不同文化程度间都没有表现出很大的差异性，差异水平尚未达到显著水平。由于不同文化程度在价格价值变量上的差异性达到显著水平，因此有必要进一步进行事后检定。

采用LSD的多重比较分析法对不同文化程度在价格价值的差异进行分析，结果见附录二（表附2-3）。LSD分析结果显示，本科文化程度顾客价格价值高于研究生文化程度的顾客，且达到显著差异水平。总体来看，不同文化程度顾客的价格价值依次为：本科＞高中与中专＞大专＞研究生＞高中以下。

5.4.3 每年入住该品牌次数在各变量上的差异性

采用SPSS 23.0的ANOVA分析功能，对每年入住该品牌次数在各变量上的差异性进行分析，结果见附录二（表附2-4）。从研究结果中可以发现，物理环境在每年入住该品牌次数表现出差异性（显著水平达到95%以上），IC在每年入住该品牌次数表现出差异性（显著水平达到95%以上），价格价值在每年入住该品牌次数表现出差异性（显著水平达到95%以上），质量价值在每年入住该品牌次数表现出差异性（显著水平达到95%以上），其余各变量在每年入住该品牌次数没有表现出很大的差异性，差异水平尚未达到显著水平。由于每年入住该品牌次数在物理环境、顾客顾客、价格价值与品牌价值变量上的差异性达到显著水平，因此有必要进一步进行事后检定。

采用LSD的多重比较分析法对每年入住该品牌次数在物理环境、顾客顾客、价格价值与品牌价值的差异进行分析，结果见附录二（表附2-5）。LSD分析结果显示，每年入住该品牌9次以下的顾客物理环境高于每年入住25～49次顾客，且达到显著差异水平；每年入住该品牌次数10～24次的顾客高于25～49次顾客，且达到显著差异水平。每年入住该品牌9次以下的顾客IC高于25～49次顾客，且达到显著差异水平；每年入住该品牌10～24次的顾客IC高于25～49次顾客，且达到显著差异水平。价格价值在每年入住该品牌次数表现出差异性（显著水平达到95%以上），每年入住该品牌次数9次以下顾客的价格价值高于25～49次的顾客，且达到显著差异水平；每年入住该品牌次数10～24次的顾客价格价值高于25～49次顾客，且达到显著差异水平。每年入住该品牌次数9次以下顾客质量价值高于25～49次顾客，且达到显著差异水平；每年入住该品牌次数10～24次的顾客质量价值高于25～49次顾客，且达到显著差异水平。

5.4.4　职业在各变量上的差异性

采用SPSS 23.0的ANOVA分析功能，对不同职业顾客在物理环境、顾客顾客、员工顾客、情感价值、价格价值、质量价值、品牌偏好、品牌态度忠诚与品牌行为忠诚等变量上的差异性进行分析。从分析结果来看，不同职业的顾客在这些变量上都没有太大的差异性，差别的程度尚未达到显著水平，可以说不同职业顾客在各变量的差异性不大，详细结果见附录二（表附2-6）。

5.4.5　月收入在各变量上的差异性

采用SPSS 23.0的ANOVA分析功能，对不同月收入顾客在物理环境、顾客顾客、员工顾客、情感价值、价格价值、质量价值、品牌偏好、品牌态度忠诚与品牌行为忠诚等变量上的差异性进行分析。从分析结果来看，不同月收入的顾客在这些变量上都没有太大的差异性，差别的程度尚未达到显著水平，可以说不同月收入顾客在各变量的差异性不大，详细结果见附录二（表附2-7）。

5.4.6　性别在各变量上的差异性分析

采用SPSS 23.0的独立样本T检验，对性别在物理环境、顾客顾客、员工顾客、情感价值、价格价值、质量价值、品牌偏好、品牌态度忠诚与品牌行为忠诚等变量上的差异性进行分析。从分析结果来看，不同性别的顾客在这些变量上都没有太大的差异性，差别的程度尚未达到显著水平，可以说性别在各变量的差异性不大，详细结果见附录二（表附2-8）。

5.4.7 会员情况在各变量上的差异性分析

采用SPSS 23.0的独立样本T检验，对会员情况在物理环境、顾客顾客、员工顾客、情感价值、价格价值、质量价值、品牌偏好、品牌态度忠诚与品牌行为忠诚等变量上的差异性进行分析。从分析结果来看，不同会员情况的顾客在这些变量上都没有太大的差异性，差别的程度尚未达到显著水平，可以说会员情况在各变量的差异性不大，详细结果见附录二（表附2-9）。

5.5 多元回归分析

从表5-7路径分析结果可以看出，服务接触与顾客体验价值、顾客体验价值与品牌忠诚以及顾客体验价值与品牌偏好三条路径适合做多元回归分析。

5.5.1 服务接触与顾客体验价值的多元回归分析

服务接触与顾客体验价值的多元回归分析见表5-10。

从表5-10可以显示，物理环境、顾客顾客与员工顾客对顾客体验价值都有显著影响作用，其中员工顾客对顾客体验价值的影响程度最大（β值为0.547）。

表5-10 服务接触与顾客体验价值的多元回归分析

变量	未标准化系数		标准化系数	t	显著性
	B	标准误差	β		
（常量）	0.693	0.177		3.917	0.000
物理环境	0.208	0.033	0.233	6.299	0.000
顾客顾客	0.139	0.028	0.180	4.947	0.000
员工顾客	0.515	0.038	0.547	13.411	0.000

注：因变量顾客体验价值。

5.5.2 顾客体验价值与品牌忠诚的多元回归分析

顾客体验价值与品牌忠诚的多元回归分析见表5-11。

从表5-11可知，价格价值与质量价值对品牌忠诚有显著影响作用，情感价值对品牌忠诚的影响作用不显著（显著性值为0.07，大于0.05），其中价格价值对品牌忠诚的影响程度最大（β值为0.285）。

表5-11 顾客体验价值与品牌忠诚的多元回归分析

变量	未标准化系数		标准化系数	t	显著性
	B	标准误差	β		
（常量）	0.912	0.331		2.753	0.006
情感价值	0.147	0.081	0.112	1.816	0.070
价格价值	0.339	0.076	0.285	4.469	0.000
质量价值	0.286	0.076	0.252	3.746	0.000

注：因变量品牌忠诚。

5.5.3 顾客体验价值与品牌偏好的多元回归分析

顾客体验价值与品牌偏好的多元回归分析见表5-12。

表5-12显示，价格价值与质量价值对品牌偏好有显著影响作用，情感价值对品牌偏好的影响作用不显著（显著性值为0.083，大于0.05），其中价格价值对品牌偏好的影响程度最大（β值为0.325）。

表5-12 顾客体验价值与品牌偏好的多元回归分析

变量	未标准化系数		标准化系数	t	显著性
	B	标准误差	β		
（常量）	0.865	0.313		2.767	0.006
情感价值	0.132	0.076	0.106	1.736	0.083
价格价值	0.369	0.072	0.325	5.148	0.000
质量价值	0.250	0.072	0.231	3.465	0.001

注：因变量品牌偏好。

第6章
研究结果与研究建议

本研究基于服务接触、顾客体验价值、品牌偏好与品牌忠诚四个变量构建了本书的研究模型，并通过对模型的数据分析，验证了本书的研究假设并得出了本研究结果。首先，本章对本研究结果进行相应的梳理，同时与以往研究进行对比找出异同点，并通过对这些异同点的讨论最终形成本研究的结论；其次，探讨本研究的主要理论贡献和实践启示；最后，指出本研究的不足之处，并为后续的研究提出相应的建议。

6.1　服务设计与品牌忠诚度研究结果讨论

6.1.1　服务接触对顾客体验价值的影响

本研究假设服务接触对顾客体验价值有显著正向影响作用（假设1），即认为顾客在酒店的服务接触体验越好，则顾客在酒店服务体验过程中的顾客体验价值越高，反之则顾客体验价值越低。研究结果显示，服务接触对顾客体验价值具有正向显著影响作用（$\beta = 0.800$，$P < 0.001$，$f^2 = 1.776$），从而验证了H1的假设。本书的这一研究结果不仅与消费者利益相关理论（Patterson, Smith, 2001; Gruen, Hofstetter, 2010; 郑琦，2000，许正良等，2012; 赵黎明等，2015; 罗暖等，2016; 沈璐等，2016）以及价值共创理论相一致（Vargo, Lusch, 2010; Chandler, Vargo, 2011; Vargo, Lusch, 2016; 简兆权等，2016; 令狐克睿等，2017），同时也与其他学者的研究结果一致（Mondada, 2017; Huang, 2018; Zhao等，2018; Nasr等，2018）。Liu, Mattila（2019）研究了付款方式（苹果与支付卡支付）和服务接触结果（成功与失败）对消费者的评价之间的相互作用，其研究结果显示，苹果支付对顾客评价的影响取决于服务接触结果不同的心理过程，服务接触能够正向影响顾客体验价值。Torres, Wei, Hua, Chen（2019）研究了主体公园服务接触对顾客情绪、体验价值与满意度的影响，研究显示顾客与游乐设施设备、园区餐饮以及与其他顾客发生的良好接触会给顾客带来良好的情绪、体验价值与满意度，购票过程中的服务接触会给顾客带来负面的消极情绪，服务接触能够正向影响顾客体验价值。Zhou, Wang, Wang（2019）研究了两种类型的目的地服务接触（旅游企业服务接触与公共服务接触）对顾客满意度的影响，研究显示企业顾客互动接触、顾客顾客互动接触与公共物理环境接触会显著影响到顾客满意度，这有助于提升旅游目公共管理部门与旅游企业更多地关注到提高游客体验对

带来顾客满意度的积极影响。Zhang, Zhang, Lu（2019）研究调查了旅游与酒店服务中服务接触价值与在线顾客互动之间的关系，研究显示服务接触价值（情感价值、社会价值、功能价值与认识价值）会显著正向影响到网上评价、网上审核与客户互动，研究在实践层面上提醒旅游与酒店企业要重视服务接触对顾客体验价值与客户互动的影响。Söderlund（2020）探讨了服务接触中员工的信息披露激励对顾客满意度的影响，研究发现服务接触中员工的信息披露激励会影响到顾客的感知价值，进而影响到顾客满意度。Tsakona, Sifianou（2019）对希腊商店中服务接触中互动称谓对服务质量与顾客满意度的关系进行了探讨，研究显示服务接触中的互动称谓会显著正向影响搭配服务质量与顾客满意度。Sørensen, Jensen（2019）基于员工创新视角来探讨服务接触中员工服务创新对提升游客体验价值的关系，研究发现服务接触中员工的服务创新对顾客体验价值有显著正向影响，在实践层面上肯定了服务接触中员工创新对提升顾客体验价值方面发挥的作用。Vos 等（2019）研究了火车站区域保洁员与乘客的服务接触如何影响到乘客感知与满意度，研究显示保洁员与乘客的服务接触会显著正向影响到乘客感知与满意度。Wünderlich, Hogreve（2019）基于航空公司，对服务接触点与顾客体验与满意度的关系进行了研究，研究显示服务接触点会显著影响顾客体验与满意度，在实践层面强调了服务接触点的不同配置对顾客体验与满意度的影响关系。Akter 等（2019）对多渠道零售商通过整合服务元素来增强顾客体验价值并影响顾客决策进行了研究，多渠道侧重于通过数字工具来增强顾客价值，全管道则更多地影响了顾客消费决策。Zhang, Xu（2019）探讨了旅游景观与寻求感觉对体验价值的影响，研究显示物理与社交旅游景观对体验价值有显著正向影响作用。Melia, Caridà（2020）关注了意大利药店氛围设计对顾客体验价值以及顾客信任的影响关系，研究显示氛围设计尤其是店内互动对创造独特顾客体验发挥着关键性作用，物理空间的管理与呈现有利于建立顾客信任。由此可见，基于不同案例的研究结果都证实了服务接触对顾客体验价值的影响是具有显著性的，佐证了本研究结论的科学性与可信性。

然而有些学者的研究得出了与本研究不一致的结论。例如 Röding, Nimmermann, Steinmann, Schramm-Klcin（2019）研究了技术在服务接触中对顾客信息透露的影响，研究发现服务接触中的技术注入会负面影响顾客感知利益与感知信任，从而负面影响顾客的信息透露意愿，在这个过程中，情绪起着调节作用。Prayag, Lee（2019）对毛里求斯星级酒店中旅游动机、服务接触与地方依恋的关系进行了讨论，研究显示旅游动机会影响到服务接触，进而影响到地方依恋，服务接触在旅游动机与地方依恋中扮演着中介作用。DCunha, Suresh, Kumar（2019）对医疗设施中服务设计与服务环境对病人感知的影响关系进行了探讨，研究显示服务设计与服务环境对病人（门诊病人与住院病人）感知不存在显著差异影响。Gligor, Bozkurt（2020）在客户参与的背景下，探索了两种方法如何解释导致顾客与品牌互动的因素，研究显示顾客参与度与顾客满意度与感知价值之间的关系在统计上并不显著。造成研究结论不一致的原因可能是案例地、研究对象的不同，这并没有从本质上影响本研究结论的可信性。

6.1.2 服务接触对品牌忠诚的影响

本研究假设服务接触对品牌忠诚有显著正向影响作用（假设2），即认为顾客在酒店的服务接触体验越好，则顾客在酒店服务体验过程中的品牌忠诚会越高，反之则顾客品牌忠诚越低。研究结果显示，服务接触对品牌忠诚未产生显著影响（$\beta=-0.008$，$P=0.892$，$f^2=0$），本研究的假设H2不成立。这一研究结果和学者Moreo（2019）与Liu（2019）的研究结论一致。Moreo, Woods, Sammons, Bergman（2019）研究发现，顾客消费目的与服务接触中的情绪劳动对顾客满意度与忠诚度没有显著影响，情绪劳动与服务质量会显著影响顾客满意度而不是忠诚度。Liu, Zhang, Keh（2019）对三个不同行业（美容、电信与计算机）、三个不同国家（加拿大、美国与中国）中服务接触对顾客满意度的影响关系进行了研究，结果显示过度的服务接触会令顾客不满意。然而有些学者的研究得出了与本研究不一致的结论（Han等，2019; Mariani等，2019; Sharma等，2018; Sichtmann等，2018; Heinrich等，2018; Araujo, 2018; 李海霞，2019）。Yani-de-Soriano等（2019）对跨文化视角中员工努力与正义对顾客满意度与跨文化忠诚度的关系进行了研究，结果显示服务接触中员工努力会显著影响到顾客跨文化忠诚。Taillon, Huhmann（2019）对自助服务技术对顾客评价与公司战略的影响进行了探讨，研究显示自助服务技术会影响到顾客忠诚、顾客信任与顾客口碑，进而带来对公司战略的影响（盈利能力与企业价值）。Amegbe, Hanu, Mensah（2019）探讨了服务接触中员工的行为因素在增加学生忠诚方面的作用，研究显示服务接触中的员工行为因素对亲密关系与学生忠诚度有显著正向影响。Rahayu（2019）研究了高等教育环境下雅加达455名私立大学学生互动行为对增加服务接触满意度的作用，研究显示交互行为对学生满意度的影响大于学生满意度对服务接触的影响，其中学生舒适度在交互行为与服务接触满意度的影响关系中扮演着中介作用。研究结果的不一致主要是由技术的引入、文化背景的差异性以及服务接触时间的持续性造成的。服务接触会显著影响到品牌忠诚，主要是由技术的引入、跨文化的背景与服务接触时间的持续性引起的。本研究的对象是度假酒店的客人，度假酒店的服务接触发生在顾客与酒店之间的短暂性的体验，但基于移动互联网技术、跨文化与持续性长时间的服务接触，会带来顾客充分、全面与深入的服务体验，可能直接带来顾客的品牌忠诚。这与短暂发生在度假酒店中的顾客体验是有所差异的，在度假酒店中，顾客的确会短时间持续在酒店进行度假体验，与酒店员工与其他顾客的接触相对较少，大多顾客希望追求主观上的宁静体验，顾客与酒店之间的接触具有主观性，这样短暂且不全面的服务接触有可能不会带来顾客的品牌忠诚。因此，本研究的结论在顾客实际消费行为中是可以理解的。

6.1.3 顾客体验价值对品牌忠诚的影响

本研究假设顾客体验价值对品牌忠诚有显著正向影响作用（假设3），即认为顾客在酒店的体验价值越好，则顾客的品牌忠诚会越高，反之则顾客品牌忠诚越低。研究结果显示，顾客体验价值对品牌忠诚产生了显著影响（$\beta = 0.225$，$P = 0.001$，$f^2 = 0.037$），本研究的假设H3成立。本书的这一研究结果不仅与消费者利益相关理论（Patterson, Smith, 2001; Gruen, Hofstetter, 2010; 郑琦，2000; 许正良等，2012; 赵黎明等，2015; 罗暖等，2016; 沈璐等，2016）以及品牌关系理论相一致（刘倩楠，2017; Fournier, 1998; Keller, 2001; 周至民等，2004; 许正良等，2012; Homburg等，2007），同时也与其他学者的研究结果一致（吴晓云等，2018; 向坚持，2017; 刘圣文等，2018; 郑秋莹等，2017; 申光龙等，2016; Hung等，2019; Ahn等，2019; Taylor等，2018; Kim等，2018; Eriksson等，2018; 王海花等，2018）。Ma, Leung, Kamath（2019）调查了新西兰主要咖啡馆经验属性及其对顾客态度与行为结果的影响，研究显示物有所值与顾客满意度与忠诚度存在显著影响关系。Barari, Ross, Surachartkumtonkun（2020）对正面与负面顾客购物体验与顾客满意度与口碑的关系进行了探讨，研究显示成功的购物环境下，情感体验对顾客满意度与积极口碑影响最大，不成功的购物环境下，认知体验对不满意与负面口碑影响最大。Quan, Chi, Nhung, Ngan, Phong（2020）分析了越南在线购物背景下，网站品牌资产、电子品牌体验与忠诚度之间的关系，并验证了电子满意度的中介作用，研究显示品牌知名度对忠诚度有显著影响关系。Aguilar-Illescas, Anaya-Sanchez, Alvarez-Frias, Molinillo（2020）探讨了C2C环境下如何通过移动应用程序买卖二手时尚产品来产生满意度，研究发现信任度、感知的实用性与移动性会显著影响顾客的满意度。Rokonuzzaman, Harun, Al-Emran, Prybutok（2020）关注了顾客产品参与度与忠诚度之间的关系，并验证了购物价值目标与信息搜索的中介效应作用，研究发现产品质量与服务质量会通过信息搜索影响搭到忠诚度。Han, Jongsik, Hyun（2020）研究发现感知健康价值会影响到顾客满意度。Itani, Jaramillo, Paesbrugghe（2020）探讨了一线员工如何应对顾客不断增长的需求，研究发现员工事后服务行为提升了服务绩效的有效性与效率，从而提升了顾客价值与满意度。Khajeheian, Ebrahimi（2020）探讨了PRESS-TV社交媒体用户价值共创对顾客忠诚度的影响，研究显示顾客价值共创会显著影响到媒体品牌的忠诚度。Kushwaha, Kaushal（2020）探讨了在线购物中品牌、价格、服务质量对顾客满意度与忠诚度的影响关系，研究发现服务质量显著正向影响到满意度与电子忠诚度。基于不同案例的研究结果证实了顾客体验价值对品牌忠诚的影响是具有显著性的，这进一步验证了本研究结论的可信性与合理性。

然而有些学者的研究得出了与本研究不一致的结论。Huetten, Antons, F. Breidbach, Piening, Salge（2019）对医疗场所中职业刻板印象对患者满意度与价值共创的影响进行了研究，研究发现职业刻板印象会通过患者满意度影响价值共创。Moreo, Woods, Sammons, Bergman（2019）研究发现，顾客消费目的与服务接触中的情绪劳动对顾客满意度与忠诚度没有显著影响，情绪劳动与服务质量会显著影响顾客满意度而不是忠诚度。尽管在上述研究中，顾客体验价值对品牌忠诚没有显著直接影响，但并不能就此否认已有的研究结论，造成研究结论不一致的原因可能是研究对象的不同。

6.1.4 服务接触对品牌偏好的影响

本研究假设服务接触对品牌偏好有显著正向影响作用（假设4），即认为顾客在酒店的服务接触体验越好，则顾客的品牌偏好会越高，反之则顾客品牌偏好越低。研究结果显示，服务接触对品牌偏好未产生显著影响（$\beta=0.117$, $P=0.098$, $f^2=0.008$），本研究的假设H4不成立。虽然这一研究结论否定了服务接触对品牌偏好的显著正向影响作用，但不能就此否定二者之间的关系。本研

究中服务接触与品牌偏好之间没有显著正向影响关系，这一研究结果与众多研究结果不一致（例如Mariani等，2019; 김혜영等，2019; Melia等，2020等）。Mariani, Borghi, Kazakov（2019）对不同文化背景下，服务接触中在线顾客的语言评价对在线收视率与顾客满意度的影响进行了探讨，研究显示，母语评价会显著积极影响到在线收视率与顾客在线满意度。김혜영，연승호，임상택（2019）对医疗旅游服务经历对服务质量的评估与整体服务质量的影响进行了研究，对首尔、京畿道与釜山主要医疗机构437名医疗游客的研究显示访问期间的服务接触质量对整体服务质量的影响最大。Melia, Caridà（2020）关注了意大利药店氛围设计对顾客体验价值以及顾客信任的影响关系，研究显示氛围设计尤其是店内互动对创造独特顾客体验发挥着关键性作用，物理空间的管理与呈现有利于建立顾客信任。Muslim, Harun, Ismael, Othman（2020）检验了社交媒体体验（互动与内容共享）对X与Y一代（预订决策与电子口碑）的态度与行为意图的影响，研究显示分享社交媒体经验的内容与行为意图（预订决策与电子口碑）有着显著的正向影响关系。产生不一致的研究结果可能与研究对象有关，本研究的对象是度假酒店的顾客，度假酒店顾客希望在酒店能享受宁静，在没有主观需要的情况下，顾客与酒店的接触相对会单一，上述研究中研究对象对服务有主观迫切的需要，同时由于不同文化背景及互联网技术的引入会使得顾客的服务接触会更深入与全面，因此本研究的结论在度假酒店顾客行为特征层面上是便于理解的，也具有现实的合理性。

本研究中服务接触对品牌偏好没有显著影响关系，本书的这一研究结果与Liu, Zhang, Keh（2019）以及Desi Ratnasari（2019）的研究结论较为一致。Liu等（2019）对三个不同行业（美容、电信与计算机）、三个不同国家（加拿大、美国与中国）中服务接触对顾客满意度的影响进行了研究，结果显示过度的服务接触会令顾客不满意，对产品的倾向性会产生负面影响。Desi Ratnasari（2019）对服务实施与体验营销对顾客满意度与品牌喜好的影响进行了探讨，研究显示体验营销对顾客满意度与品牌喜好没有显著影响。本研究与上述研究结论一致，但这并不能否认服务接触与品牌偏好之间的已有研究结论，之所以产生不一致的研究结论可能与服务接触的全面性以及品牌偏好的层次有关。服务接触主要发生在顾客与实体环境之间、顾客与员工之间以及顾客与顾客之间，这三类的接触构成了服务接触，不管是何种接触，都难以在深层次尤其是品牌层次上去影响和打动顾客，促进顾客产生品牌偏好。质量较高的服务接触会带给顾客更好的体验，在更好体验的层面，顾客才可能会进一步产生对企业或品牌更深层次的喜爱，对品牌的偏好或喜爱，不仅仅是通过服务接触就可以实现的。因此本研究的这一结论，在实践层面上也是可以理解并存在的。

6.1.5 品牌偏好对品牌忠诚的影响

本研究假设顾客品牌偏好对品牌忠诚有显著正向影响作用（假设5），即认为顾客品牌偏好越明显，则顾客的品牌忠诚会越高，反之则顾客品牌忠诚越低。研究结果显示，顾客品牌偏好对品牌忠诚产生了显著影响（$\beta=0.602$，$P=0.000$，$f^2=0.534$），本研究的假设H5成立。本书的这一研究结果不仅与消费者利益相关理论（Patterson, Smith, 2001; Gruen, Hofstetter, 2010; 郑琦, 2000; 许正良等, 2012; 赵黎明等, 2015; 罗暖等, 2016; 沈璐等, 2016）以及品牌关系理论相一致（刘倩楠, 2017; Fournier, 1998; Keller, 2001; 周至民等, 2004; 许正良等, 2012; Homburg等, 2007），同时也与其他学者的研究结果一致（Lim, Yen, 1997; Lau, Lee, 1999; 高振峰, 2019; Wymer 等, 2019; 李豪等, 2019; Liu等, 2018; Ibidunni等, 2018; An等, 2018; Mandrik等, 2018; Zhang等, 2018; 万珍妮等, 2018; Amoak等, 2017; 何佳讯等, 2017; 蒋廉雄等, 2017; Gupta等, 2016）。Amegbe, Hanu, Mensah（2019）探讨了服务接触中员工的行为因素、服务质量、亲密关系与信任在增加学生忠诚方面的作用，研究显示亲密关系对学生忠诚度有显著正向影响。Mukucha, Rootman, Mazibuko（2019）在餐饮行业研究了服务接触经验对顾客口碑传播与顾客忠诚度的影响关系，研究显示环境因素、服务质量与顾客类型会影响到服务接触经验，口碑传播会显著影响到顾客忠诚度。Ma, Leung, Kamath（2019）调查了新西兰主要咖啡馆经验属性及其对顾客态度与行为结果的影响，研究显示物有所值、顾客满意度与忠诚度存在显著影响关系。Seger-Guttmann（2019）开发了客户非理性信念量表（CIBS）来预测了客户的灌输、自信、社会效益、承诺行为与忠诚度，研究显示客户非理性信念（CIB）预测了顾客举止、果断以及顾客结果（承诺与忠诚度）的行为。Gligor, Bozkurt（2020）在客户参与的背景下，探索了两种方法如何解释导致顾客与品牌互动的因素，研究显示顾客参与度与感知互动性、感知识别度、感知价值与品牌参与度之间存在着显著关系。Choi（2020）重点关注了跨管道集成对顾客信任度与顾客保留率的影响，研究证实了顾客信任会显著影响到顾客的保留率。Choi（2020）探讨了品牌社区识别（BCI）对顾客回购意愿的影响作用，研究发现BCI减轻了服务失败对顾客回购意图的负面影响。由此可见，基于不同案例的研究结果都证实了顾客品牌偏好对品牌忠诚的影响是具有显著性的，本研究的结论在理论层面具有合理性。

6.1.6 顾客体验价值对品牌偏好的影响

本研究假设顾客体验价值对品牌偏好有显著正向影响作用（假设6），即认为顾客在酒店的体验价值越好，则顾客的品牌偏好会越高，反之则顾客品牌偏好越低。研究结果显示，顾客体验价值对品牌偏好产生了显著影响（$\beta=0.504$，$P=0.000$，$f^2=0.144$），本研究的假设H6成立。本书的这一研究结果不仅与消费者利益相关理论（Patterson, Smith, 2001; Gruen, Hofstetter, 2010; 郑琦，2000; 许正良等，2012; 赵黎明等，2015; 罗暖等，2016; 沈璐等，2016）、价值共创理论（简兆权等，2016; Vargo, Lusch, 2016; Chandler, Vargo, 2011; Vargo, Lusch, 2010; 令狐克睿等，2017）以及品牌关系理论相一致（刘倩楠，2017; Fournier, 1998; Keller, 2001; 周至民等，2004; 许正良等，2012; Homburg等，2007），同时也与其他学者的研究结果一致（马鸿飞，2008; 赵占波等，2009; Iglesias等，2011; Amaro等，2015; 郭爱云等，2018; 王鹏等，2019; Ahn等，2019; Wang等，2019）。Amegbe, Hanu, Mensah（2019）探讨了服务接触中员工的行为因素、服务质量、亲密关系与信任在增加学生忠诚方面的作用，研究显示感知服务质量会显著正向影响学生信任。Huetten, Antons, F. Breidbach, Piening, Salge（2019）对绿色服务接触对感知环境价值与顾客信任的影响进行了研究，研究显示绿色服务接触会影响到顾客感知环境价值与顾客信任，顾客信任会显著正向影响顾客信任。Ma, Leung, Kamath（2019）调查了新西兰主要咖啡馆经验属性及其对顾客态度与行为结果的影响，研究显示物有所值、顾客满意度与忠诚度存在显著影响关系。Seger-Guttmann（2019）开发了客户非理性信念量表（CIBS）来预测客户的灌输、自信、社会效益、承诺行为与忠诚度，研究显示客户非理性信念（CIB）预测了顾客举止、果断以及顾客结果）（承诺与忠诚度）的行为。Barari, Ross, Surachartkumtonkun（2020）对正面与负面顾客购物体验与顾客满意度与口碑的关系进行了探讨，研究显示成功的购物环境下，情感体验对顾客满意度与积极口碑影响最大，不成功的购物环境下，认知体验对不满意与负面口碑影响最大。Gligor, Bozkurt（2020）在客户参与的背景下，探索了两种方法如何解释导致顾客与品牌互动的因素，研究显示顾客参与度与感知互动性、感知识别度、感知价值与品牌参与度之间存在着显著关系。Hu, Trivedi（2020）通过文本挖掘用户生成的内容（UGC）来揭示酒店品牌定位与竞争格局，研究证实了顾客体验价值会显著影响到顾客品牌偏好。Ross（2020）对男装定制与女士泳装业务模型进行了探讨，研究显示感知价值会影响其产品偏好。Wu, Cheng（2020）从旅游业的经验角度关注了体验风险、体验收益、体验评估、体验共创、关系质量（满意度与信任）与未来意图的关系问题，研究结果表明旅游经营者构成宠物主人的经历内容，可以帮助其降低体验风险并增加体验收益、体验评估、体验满意度与体验信任。由此可见，基于不同研究对象、不同研究背景的研究结果同样证实了顾客体验价值对品牌偏好的影响是具有显著性的，本研究的结论是具有可信性的。

6.1.7 顾客体验价值的中介效应

本研究中验证的顾客体验价值中介作用主要有如下两种：假设顾客体验价值在服务接触与品牌忠诚之间具有中介作用（H7）；假设顾客体验价值在服务接触与品牌偏好之间具有中介作用（H9）。本研究的结果显示，顾客体验价值在服务接触与品牌忠诚之间没有中介作用，顾客体验价值在服务接触与品牌偏好之间有完全中介作用，从而验证了假设H7不成立，假设H9成立。同已有的研究结果比较，顾客体验价值的中介效应在不同的研究情境中并不一致。本研究的结论H9与相关学者（Söderlund, 2020; Huetten等, 2019; Quan等, 2020; Rokonuzzaman等, 2020; Itani等, 2020; Singh等, 2020; Jiménez-Barreto等, 2020）的研究成果较为一致。Söderlund（2020）探讨了服务接触中员工的信息披露激励对顾客满意度的影响，研究发现服务接触中员工的信息披露激励会影响大顾客的感知价值，进而影响到顾客满意度。Huetten, Antons, F. Breidbach, Piening, Salge（2019）对绿色服务接触对感知环境价值与顾客信任的影响进行了研究，研究显示绿色服务接触会影响到顾客感知环境价值与顾客信任，顾客信任会显著正向影响顾客信任，顾客感知环境价值在绿色服务接触与顾客信任之间的关系中扮演着中介作用。Quan, Chi, Nhung, Ngan, Phong（2020）分析了越南在线购物背景下，网站品牌资产、电子品牌体验与忠诚度之间的关系，并验证了电子满意度的中介作用。Rokonuzzaman, Harun, Al-Emran, Prybutok（2020）关注了顾客产品参与度与忠诚度之间的关系，并验证了购物价值目标与信息搜索的中介效应作用，研究发现产品质量与信息搜索在产品参与度与忠诚度之间具有串列中介的作用。Itani, Jaramillo, Paesbrugghe（2020）探讨了一线员工如何应对顾客不断增长的需求，研究发现顾客价值在一线员工事后服务行为与顾客满意度之间具有中介效应。Singh, Sinha（2020）采用经验模型来衡量商人使用移动钱包技术的意图，该研究证实了感知信任对预测有用意图的影响的中介作用。Jiménez-Barreto, Rubio, Campo（2020）以官方在线旅游目的地平台来分析目的地品牌初步经验与在线真实性，研究发现目的地品牌真实性在目的地品牌体验与行为意图之间具有中介作用。本研究显示顾客体验价值在服务接触与品牌忠诚之间不具有中介效应，首先，这可能与顾客体验价值的主观性与复杂性有关，体验价值本身受到客观环境、软件服务以及个体自身情况有关；其次，这可能与品牌忠诚形成的联系有关系，Taillon and Huhmann（2019）对自助服务技术对顾客评价与公司战略的影响进行了探讨，研究显示自助服务技术会影响到顾客忠诚、顾客信任与顾客口碑，进而带来对公司战略的影响（盈利能力与企业价值），可以看出品牌忠诚度形成是需要多层次的关联性条件。变量与研究情境的差异性都有可能带来顾客体验价值中介效应存在与否的差异性，这需要具体问题具体分析。

6.1.8 品牌偏好的中介效应

本研究假设品牌偏好在服务接触与品牌忠诚之间具有中介效应（假设H8），本研究的结果显示品牌偏好在服务接触与品牌忠诚之间具有完全中介作用，本研究的这一结论与部分学者（Mukucha等, 2019; Ma等, 2019; Seger-Guttmann, 2019; Han等, 2020）的研究发现较为一致。Mukucha, Rootman, Mazibuko（2019）在餐饮行业研究了服务接触经验对顾客口碑传播与顾客忠诚度的影响关系，研究显示环境因素、服务质量与顾客类型会影响到服务接触经验，服务接触经验会显著影响到口碑传播与顾客忠诚度，口碑传播在服务接触经验与顾客忠诚度的影响关系中具有完全中介效应。Ma, Leung, Kamath（2019）调查了新西兰主要咖啡馆经验属性及其对顾客态度与行为结果的影响，研究显示物有所值、顾客满意度与忠诚度存在显著影响关系。Seger-Guttmann（2019）开发了客户非理性信念量表（CIBS）来预测了客户的灌输、自信、社会效益、承诺行为与忠诚度，研究显示客户非理性信念（CIB）预测了顾客举止、果断以及顾客结果（承诺与忠诚度）的行为。Han, Jongsik, Hyun（2020）研究验证了情感投入在幸福感、满意度之间具有完全中介效应作用。由此可见，基于不同案例的研究结果证实了品牌偏好在服务接触与品牌忠诚之间具有完全中介效应。

然而有些学者的研究发现了与本研究不一致的结论。Taillon, Huhmann（2019）对自助服务技术对顾客评价与公司战略的影响进行了探讨，研究显示自助服务技术会影响到顾客忠诚、顾客信任与顾客口碑，进而带来对公司战略的影响（盈利能力与企业价值）。Amegbe, Hanu, Mensah（2019）探讨了服务接触中员工的行为因素、服务质量、亲密关系与信任在增加学生忠诚方面的作用，研究显示信任与亲密关系并有在服务质量与学生忠诚的影响关系中具有部分中介作用。造成研究结论不一致的原因可能是案例地、研究对象的不同。基于品牌偏好中介效应的复杂性与特殊性，不同研究对象、不同案例地与文化背景差异情况下，中介效应存在差异性，需要进行具体分析。

6.1.9 方差分析

采用SPSS 24.0对四个酒店顾客的年龄、文化程度、每年入住该品牌次数、职业、月收入、性别与会员情况在各变量上的差异性进行方差分析。研究发现年龄、职业、月收入、性别与会员情况并未在变量上产生差异性，文化程度与每年入住该品牌次数在变量上产生了差异性，这两个差异性主要体现在如下方面。

（1）不同文化程度在各变量上的差异性

采用SPSS 24.0的ANOVA分析功能，对不同文化程度在各变量上的差异性进行分析，研究结果中可以发现，除了价格价值在不同文化程度间表现出差异性（显著水平达到95%以上），其余各变量在不同文化程度间都没有表现出很大的差异性，差异水平尚未达到显著水平。采用LSD的多重比较分析法对不同文化程度在价格价值的差异进行分析，结果显示本科文化程度顾客价格价值高于研究生文化程度的顾客，且达到显著差异水平。总体来看，不同文化程度顾客的价格价值依次为：本科＞高中与中专＞大专＞研究生＞高中以下。主要是由于本科学历的顾客占比较大，切受过良好的教育，对价格价值的感知会强于其他学历的顾客，这与吴义宏、杨效忠与彭敏（2014）研究的结论较为一致。

（2）每年入住该品牌次数在各变量上的差异性

采用SPSS 24.0的ANOVA分析功能，对每年入住该品牌次数在各变量上的差异性进行分析，研究结果中可以发现，物理环境在每年入住品牌次数表现出差异性（显著水平达到95%以上），IC在每年入住该品牌次数表现出差异性（显著水平达到95%以上），价格价值在每年入住该品牌次数表现出差异性（显著水平达到95%以上），质量价值在每年入住该品牌次数表现出差异性（显著水平达到95%以上），其余各变量在每年入住该品牌次数没有表现出很大的差异性，差异水平尚未达到显著水平。采用LSD的多重比较分析法对每年入住该品牌次数在物理环境、顾客顾客、价格价值与质量价值的差异进行分析，LSD分析结果显示：每年入住该品牌9次以下的顾客物理环境高于每年入住25～49次顾客，且达到显著差异水平；每年入住该品牌次数10～24次的顾客高于25～49次顾客，且达到显著差异水平。每年入住该品牌9次以下的顾客IC高于25～49次顾客，且达到显著差异水平；每年入住该品牌10～24次的顾客IC高于25～49次顾客，且达到显著差异水平。价格价值在每年入住该品牌次数表现出差异性（显著水平达到95%以上），每年入住该品牌次数9次以下顾客的价格价值高于25～49次的顾客，且达到显著差异水平；每年入住该品牌次数10～24次的顾客价格价值高于25～49次顾客，且达到显著差异水平。每年入住该品牌次数9次以下顾客质量价值高于25～49次顾客，且达到显著差异水平；每年入住该品牌次数10～24次的顾客质量价值高于25～49次顾客，且达到显著差异水平。通过分析结果可以发现，每年入住该品牌次数在9次以下的酒店普通客人（非金银卡以上贵宾客人）更多地关注了酒店的物理环境、顾客与顾客之间的影响、价格价值与质量价值。这主要是由于住店次数较少的顾客，会更多地重视酒店的硬件设施设备与环境，硬件设施设备会带给其更多感官上的冲击，让人印象深刻；由于相对于金银卡顾客，普通顾客的住店次数与经验相对不足，他们会更多关注到周围顾客对其造成的影响；同时他们希望能用最合理的价格体验到最好的酒店产品，因此他们会更多去考虑酒店产品价格与价值背后的性价比。

6.1.10 多元回归分析

服务接触与顾客体验价值、顾客体验价值与品牌忠诚以及顾客体验价值与品牌偏好三条路径的多元回归分析结果如下。

（1）服务接触与顾客体验价值的多元回归分析

服务接触与顾客体验价值的多元回归分析显示，物理环境、顾客顾客与员工顾客对顾客体验价值都有显著影响关系，其中员工顾客对顾客体验价值的影响程度最大（β值为0.547）。这主要是因为在服务接触中，员工不仅能体现酒店的文化、气质与物质，无形中也会传递酒店的品牌价值，再加上高星级酒店员工具有较高的职业素养与操守，顾客通过与员工的接触互动而产生情感上的难忘回忆，相对于物理环境和其他顾客的互动，这种基于情感与主观感受的接触在塑造顾客美好入住体验方面还是更为关键和重要的。

（2）顾客体验价值与品牌忠诚的多元回归分析

顾客体验价值与品牌忠诚的多元回归分析发现，价格价值与质量价值对品牌忠诚有显著影响作用，其中价格价值对品牌忠诚的影响程度最大（β值为0.285）。价格价值是顾客能最轻易获得并最先感受到的，顾客在酒店后续的服务体验，包括对酒店产品性价比的考虑，对酒店品牌产生的特殊情感等都是建立在对酒店产品价值了解的基础上，这种最直观最直白的价格价值对品牌忠诚的影响程度最大与消费者行为是契合的。

（3）顾客体验价值与品牌偏好的多元回归分析

顾客体验价值与品牌偏好的多元回归分析显示，价格价值与质量价值对品牌偏好有显著影响作用，其中价格价值对品牌偏好的影响程度最大（β值为0.325）。顾客对价格的感知是所有顾客体验建立的基础，基于价格价值在顾客体验过程中的关键与重要地位，价格价值对品牌偏好的影响程度最大这一研究结果与常识是较为一致的。但有学者得出了本研究不一样的结论，Oriade, Schofield（2019）对英国吸引力环境下服务质量、感知价值、满意度与行为意愿之间的关系进行了探究，研究证实了服务结构之间的认知-情感-互动顺序，提高了价值在服务体验中的作用，研究显示感知价值对满意度与行为意图有显著正向影响关系，其中情感价值对满意度与行为意图的影响大于其他形式的价值。造成研究结论不一致的主要原因可能是研究的对象与案例地的差异性。

6.2　服务设计与品牌忠诚度研究结论

本研究以广东省内的惠州白鹭湖雅居乐喜来登度假酒店、深圳大梅沙京基喜来登度假酒店、清远狮子湖喜来登度假酒店与湛江民大喜来登酒店的顾客作为研究对象，在消费者利益相关理论、价值共创理论与品牌关系理论的基础上，以服务接触为切入点，并引入了顾客体验价值与品牌偏好作为中介效应来研究品牌忠诚。通过对四家酒店所搜集的样本数据进行分析，并与已有的研究成果进行比较与讨论，最终形成了本研究的研究结论。

（1）顾客体验价值正向显著影响品牌偏好

本研究结果显示顾客体验价值正向显著影响品牌偏好，这一研究与消费者利益相关理论以及价值共创理论相一致，同时也与其他学者的研究结果一致（Mondada, 2017; Huang, 2018; Zhao 等, 2018; Nasr 等, 2018）。顾客体验价值是由情感价值、价格价值与质量价值三部分有机组成的，度假酒店的顾客在酒店消费体验的过程中，必然会与酒店的硬件设施设备、软件服务等产生接触并体验到酒店的文化。从体验的进程来看，顾客在消费之前会货比三家对首先关注到酒店产品的价格进行筛选，进入酒店后，通过对酒店的软硬件设施与服务的体验消费，去感知评判酒店产品的质量与价格的匹配程度，进而会产生情感上的深度体验，顾客情感上的体验是品牌偏好产生的基础与前提。如果顾客的体验价值较高，自然会产生对酒店文化与酒店品牌的偏爱，这种基于品牌的偏爱于行为上的倾向性就是品牌偏好。所以，本研究的观点不仅验证支持了已有学者的研究成果，同时也与顾客消费行为趋于一致的。

（2）服务接触与品牌忠诚之间没有显著关系

本研究结果发现服务接触与品牌忠诚之间没有显著关系，本研究结论与学者Moreo（2019）及Liu（2019）的研究发现一致。顾客在进入酒店消费的过程，其实就是顾客与酒店物理环境（包括硬件设施设备、酒店整体氛围以及香氛等营造的环境）、与酒店员工以及其他顾客之间发生的一系列接触，这种顾客与酒店物理环境、与酒店员工以及与其他顾客的三类接触构成了顾客体验的全过程，也是构成顾客体验的重要内容。度假酒店中的顾客体验与其他服务类顾客体验是有所差异的，在度假酒店中，顾客的确会短时间持续在酒店进行度假体验，与酒店员工与其他顾客的接触相对较少，大多顾客希望追求主观上的宁静体验，顾客与酒店之间的接触具有主观性，这样短暂且不全面的服务接触有可能不会带来顾客的品牌忠诚；除了顾客与酒店硬件环境的接触之外，相对于物理环境的稳定性与可靠性，与酒店员工与其他顾客的接触就显然多了很多变量，接触的不稳定性与突发性就难以避免，顾客需要和酒店员工接触，虽然绝大部分酒店员工尤其是样本的高星级酒店员工都经过较为严格的训练，职业素养较为过硬，但也存在酒店新员工或其他员工带来顾客的不愉悦体验；顾客之间的影响也是显而易见的，如果度假酒店的顾客受到了其他顾客的负面影响，会自然将顾客的不满延伸到酒店，会影响到其下次的选择，而影响不到其品牌忠诚这个阶段。可见，基于不同案例的研究结果也显示了服务接触对顾客品牌忠诚的影响在一定情境下不一定会具有显著性。

（3）顾客体验价值正向显著影响品牌忠诚

本研究结果显示顾客体验价值正向显著影响品牌忠诚，这一研究结果不仅与消费者利益相关理论以及品牌关系理论相一致，同时也与其他学者的研究结果一致（吴晓云等，2018；向坚持，2017；刘圣文等，2018；郑秋莹等，2017；申光龙等，2016；Hung 等，2019；Ahn 等，2019；Taylor 等，2018；Kim 等，2018；Eriksson 等，2018；王海花等，2018）。价格价值、质量价值与情感价值是构成顾客体验价值的三个有机组成部分，价格价值主要是顾客对酒店产品与同类产品进行比较后得出的，如果在入住前进行比价，那么不涉及酒店产品与服务体验的附加值，很难发现并感受到深藏在价格背后的品牌、文化与服务附加值；入住酒店后，除了事前搜索的单一价格，体验到酒店的产品、文化、服务和品牌后，顾客会进一步将对酒店产品价格的感知上升到质量层面，基于对质量价值的感知会对顾客有更深次的触动；如果后续的入住体验持续偏正向，那么顾客会产生情感价值，进而升华到对酒店品牌选择的偏好并持续购买该酒店品牌产品，同时向周围亲朋好友推荐该品牌，这就产生了酒店品牌忠诚。本研究的观点不仅验证了现有学者的研究成果，同时也与顾客消费行为趋于一致。

（4）服务接触与品牌偏好之间没有显著关系

本研究发现服务接触与品牌偏好之间没有显著关系，这一研究结果与 Liu（2019）以及 Desi Ratnasari（2019）的研究结论较为一致。

度假酒店顾客的消费体验过程，实际上就是顾客与酒店物理环境（涵盖了酒店硬件设施设备、酒店整体氛围灯）、顾客与酒店员工以及与其他顾客之间发生的一系列接触，因此顾客与酒店物理环境的接触、顾客与员工的接触以及顾客与顾客的接触共同构成了顾客在酒店体验的内容，也是顾客服务接触的有机组成部分。本书所研究的度假酒店业态，与其他服务类企业相比有其特殊性：首先，度假酒店占地面积较为广阔，酒店顾客人均拥有的活动空间与面积相对较大，从空间的角度看，顾客与酒店员工以及顾客之间的互动接触会相对不足；其次，从度假体验的角度来看，大部分度假客人都希望自己能在度假酒店中感受到远离工作与纷繁压力的宁静自由，顾客在主观上是不愿意受到酒店员工与其他顾客打扰的；因此，可以说在度假酒店的顾客与酒店物理环境、酒店员工以及其他顾客所发生的接触存在主观上的需求不足情况；当然，如果度假酒店的顾客在酒店度假时间较长，也存在与酒店发生更充分更全面接触的可能性。同时，相对于物理环境的稳定性与可靠性之外，与酒店员工与其他顾客的接触就显然多了很多变量，接触的不稳定性与突发性就难以避免，顾客需要和酒店员工接触，虽然绝大部分酒店员工尤其是样本的高星级酒店员工都是经过较为严格的训练，职业素养较为过硬，但也存在酒店新员工或其他员工带给顾客的不愉悦体验；顾客之间的影响也是显而易见的，如果度假酒店的顾客受到了其他顾客的负面影响，则会自然将顾客的不满延伸到酒店，会直接影响到顾客的入住体验，而影响不到其品牌偏好这个阶段。

（5）品牌偏好正向显著影响品牌忠诚

研究发现品牌偏好显著正向影响品牌忠诚，这一研究结果不仅与消费者利益相关理论、品牌关系理论相一致，同时也与其他学者的研究结果一致（Lim, Yen, 1997; Lau, Lee, 1999; 高振峰, 2019; Wymer等, 2019; 李豪等, 2019; Liu等, 2018; Ibidunni等, 2018; An等, 2018; Mandrik等, 2018; Zhang等, 2018; 万珍妮等, 2018; Amoak等, 2017; 何佳讯等, 2017; 蒋廉雄等, 2017; Gupta等, 2016）。基于品牌的偏爱于行为上的倾向性就是品牌偏好，顾客对特定品牌产生了倾向性的偏爱时，在下次购买决策时更容易产生持续购买该品牌的行为，并更有可能会产生将该品牌推荐给亲朋好友的行为。因此本研究结论不仅支持了现有学者的研究结论，也在常识范围内便于理解。

（6）顾客体验价值正向显著影响品牌偏好

研究发现顾客体验价值正向显著影响品牌偏好，这一研究结果不仅与消费者利益相关理论、价值共创理论以及品牌关系理论相一致，同时也与其他学者的研究结果一致（马鸿飞, 2008; 赵占波等, 2009; Iglesias等, 2011; Amaro等, 2015; 郭爱云等, 2018; 王鹏等, 2019; Ahn等, 2019; Wang等, 2019）。价格价值、质量价值与情感价值三个有机组成部分是顾客体验价值的重要内容，价格价值主要是顾客将酒店产品与同类产品进行比较后得出的，如果在入住前进行酒店产品比价，这样的比价不涉及酒店产品、服务体验与品牌文化的附加值，很难发现并感受到深藏在价格背后的品牌、文化与服务附加值；入住酒店后，除了事前搜索的单一价格，体验到酒店的产品、文化、服务和品牌价值后，顾客会进一步将对酒店产品价格的感知上升到质量层面，基于对质量价值的感知会对顾客有更深次的触动；如果后续的入住体验持续偏正向，那顾客会产生情感价值，进而升华到基于品牌的偏爱于行为上的倾向性，这就是品牌偏好。本研究的这一结论也验证了学者的研究成果，并与消费者行为表现趋于一致。

（7）顾客体验价值的中介效应

顾客体验价值在服务接触与品牌偏好之间具有完全中介作用，而顾客体验价值在服务接触与品牌忠诚之间没有中介作用。服务接触与品牌偏好之间没有显著正向影响关系，但服务接触通过顾客体验价值可以间接影响到品牌偏好，这说明顾客体验价值在服务接触与品牌偏好的关系中具有重要的中介作用；服务接触与品牌忠诚之间没有显著正向影响关系，服务接触通过顾客体验价值也不能对品牌忠诚产生影响，这说明在服务接触与顾客品牌忠诚之间的形成机制相对较为复杂，需要有其他调节效应的存在才能对品牌忠诚产生影响。

（8）品牌偏好在服务接触与品牌忠诚之间具有完全中介作用

品牌偏好在服务接触与品牌忠诚之间具有完全中介作用。服务接触对品牌偏好没有显著正向影响，服务接触对品牌忠诚也没有显著正向影响，但服务接触通过品牌偏好可以对品牌忠诚产生影响，因此品牌偏好在服务接触与品牌忠诚之间具有中介作用。

（9）文化程度与每年入住该品牌次数的方差分析

采用LSD的多重比较分析法对不同文化程度在价格价值上的差异进行分析，研究结果显示本科文化程度顾客价格价值感知明显高于研究生文化程度的顾客，不同文化程度对价格价值的感知分别为本科＞高中与中专＞大专＞研究生＞高中以下。每年入住该品牌次数在9次以下的顾客（非金银卡以上贵宾客人）更多地关注了酒店物理环境、顾客之间的影响、价格价值与质量价值。主要是因为这些每年入住该品牌次数在9次以下的顾客相对于金卡以上的贵宾客人，在入住经验上相对较为缺乏，入住酒店自然会更多关注酒店的硬件设施等环境，也会关注到其他顾客是否会对自己的入住体验产生影响，更会去关注酒店产品的价格与其提供的服务是否匹配，进而关注到酒店产品的质量。

（10）多元回归分析

服务接触与顾客体验价值的多元回归分析显示，物理环境、顾客与顾客以及员工与顾客对顾客体验价值都会有显著影响，其中员工顾客对顾客体验价值的影响程度最大。顾客体验价值与品牌忠诚的多元回归分析发现，价格价值与质量价值对品牌忠诚有显著影响作用，其中价格价值对品牌忠的影响程度最大。顾客体验价值与品牌偏好的多元回归分析显示，价格价值与质量价值对品牌偏好有显著影响作用，其中价格价值对品牌偏好的影响程度最大。

6.3　服务设计与品牌忠诚度研究目的实现

本书将广东省内四家喜来登度假酒店的顾客作为研究对象，在消费者利益相关理论、价值共创理论与品牌关系理论的基础上，以服务接触为切入点，并引入了顾客体验价值与品牌偏好作为中介效应来研究品牌忠诚，具体说来，本书的研究目的有以下四点：

① 验证服务接触是否会正向显著影响顾客体验价值、品牌偏好与品牌忠诚。

② 验证顾客体验价值与品牌偏好是否会正向显著影响品牌忠诚；验证顾客体验价值是否会正向显著影响品牌偏好。

③ 探索品牌忠诚的形成路径。

④ 探索验证顾客体验价值在服务接触与品牌忠诚之间的中介效应，探索验证顾客体验价值在服务接触与品牌偏好之间的中介效应，探索验证品牌偏好在服务接触与品牌忠诚之间的中介效应。

通过模型以及对样本数据的分析，以上研究目的均已实现：

① 服务接触会正向显著影响顾客体验价值（服务接触中员工与顾客的服务接触对顾客体验价值影响程度最大），服务接触对品牌偏好与品牌忠诚没有显著影响关系。

② 顾客体验价值与品牌偏好都会显著正向影响品牌忠诚（价格价值对品牌忠诚的影响程度最大），顾客体验价值会显著正向影响品牌偏好（价格价值对品牌偏好的影响程度最大）。

③ 本研究探索发现了品牌忠诚的两条形成路径，分别是服务接触—品牌偏好—品牌忠诚与服务接触—顾客体验价值—品牌偏好—品牌忠诚。

④ 顾客体验价值在服务接触与品牌忠诚之间没有中介作用，顾客体验价值在服务接触与品牌偏好之间具有完全中介作用，品牌偏好在服务接触与品牌忠诚之间具有完全中介作用。

6.4 服务设计与品牌忠诚度研究理论贡献与实践启示

本研究通过回顾已有研究、建立理论架构和检验实证资料,得出研究的结果,再通过对结果的讨论形成本研究的结论,进而分析了本研究的理论贡献和对实践的指导作用。

6.4.1 服务设计与品牌忠诚度研究理论贡献

① 厘清了品牌忠诚形成路径与关系　更深层次地挖掘了服务接触、顾客体验价值、品牌偏好与品牌忠诚之间的关系,并厘清了多种路径下品牌忠诚的形成机制。本研究发现服务接触三要素中的顾客、物理环境与员工都会显著影响到顾客体验价值,其中员工与顾客的接触对顾客体验价值的影响程度最大;价格价值与质量价值对品牌偏好有显著影响,其中价格价值对品牌偏好的影响程度最大;价格价值与品牌价值对品牌忠诚有显著影响,其中价格价值对品牌忠诚的影响程度最大。发现并验证了顾客品牌忠诚形成的两条路径:服务接触—品牌偏好—品牌忠诚;服务接触—顾客体验价值—品牌偏好—品牌忠诚。同时也探索验证了顾客体验价值在服务接触与品牌偏好之间的完全中介作用,品牌偏好在服务接触与品牌忠诚之间的完全中介作用。这些有助于酒店通过服务、价格、设施来与竞争品牌进行区分(Brown, Ragsdale, 2002; Torres, Kline, 2006),提升酒店品牌附加值(Kozak, 2002),丰富了消费者利益理论、品牌关系理论与价值共创理论。

② 整合了服务接触、体验价值、品牌偏好与忠诚研究成果　本章基于文献梳理与整合,对服务接触、顾客体验价值、品牌偏好与品牌忠诚的四个变量的概念、前因变量与后果效应、维度与测量三个方面的观点进行了梳理与整合,将零散的观点进行梳理整合为后续全面深入系统研究提供了借鉴与参考。

6.4.2 服务设计与品牌忠诚度研究实践启示

① 提升酒店品牌定位与品牌忠诚培育效率　本研究发现服务接触三要素中的顾客、物理环境与员工都会显著影响到顾客体验价值,其中员工与顾客的

接触对顾客体验价值的影响程度最大；价格价值与质量价值对品牌偏好有显著影响，其中价格价值对品牌偏好的影响程度最大；价格价值与品牌价值对品牌忠诚有显著影响，其中价格价值对品牌忠诚的影响程度最大。在激烈的酒店市场竞争中，树立清晰的酒店品牌定位、培育酒店品牌忠诚，这需要酒店将有限资源投入市场营销活动中（Cai, Hobson, 2004），更需要酒店在营销活动过程中，将有限资源集中投入顾客体验与需求相关的方面（Choi, Chu, 2001）。酒店在做好硬件设施设备打造的同时，需要进一步关注酒店服务质量，提升顾客服务体验质量，通过软硬件的共同打造来提升顾客的品牌忠诚。顾客在酒店得到了良好的服务体验，可以有效强化顾客与酒店之间的深层次情感联结，通过顾客自觉来提升酒店品牌氛围与质量。本研究对酒店有限资源的合理分配与利用提供了方向性指引，增强了酒店业明确酒店品牌定位，培育顾客品牌忠诚的针对性与效率。

② 强化酒店品牌忠诚，提升酒店竞争力　本研究探索了服务接触、顾客体验价值、品牌偏好与品牌忠诚的影响关系，发现并验证了顾客品牌忠诚形成的两条路径（服务接触—品牌偏好—品牌忠诚；服务接触—顾客体验价值—品牌偏好—品牌忠诚）。通过对本研究涉及四个变量之间关系的梳理以及顾客品牌忠诚形成路径的探索，有利于提升酒店服务质量并加深酒店对顾客行为的了解，有助于酒店与顾客品牌关系塑造。在此基础上，酒店可以针对不同顾客需求，针对品牌忠诚形成的不同路径，结合自身经营实际，进行有针对性的准备与应对，从长远看可以优化酒店的品牌形象与品牌声誉，强化酒店顾客的品牌忠诚。通过对软硬件设施设备的准备，塑造酒店独特的品牌竞争力，最终提升酒店可持续发展能力，让酒店在激烈的竞争环境中脱颖而出（Anderson, Fish, Xia, Michello, 1999）。

③ 为酒店管理提供参考与借鉴　研究发现酒店员工、物理环境与其他顾客对顾客体验价值都存在显著正向影响，其中员工与顾客的接触是影响顾客体验价值的最大因素。在酒店经营管理过程中，除了关注服务与品牌管理中顾客的主导作用与物理环境的氛围塑造作用，还应该重点关注一线员工对顾客酒店服务体验的影响。同时，本研究验证了服务接触、顾客体验价值、品牌偏好与品牌忠诚之间的关系，这为酒店管理提供了很好的引导：良好服务接触塑造优质的顾客体验，通过顾客体验提升顾客对品牌的偏好，通过顾客品牌偏爱来塑造品牌忠诚。为此，酒店需要构建以人为本（一线员工、顾客与其他顾客）与酒店环境协调发展的良好氛围，提升酒店员工的实践操作能力与沟通协调应急能力，引导规范其他顾客行为与优化酒店物理环境相结合。这在一定程度上可

以为现代服务企业的管理提供借鉴与参考。

6.5 服务设计与品牌忠诚度研究局限与未来研究方向

虽然本研究结论对于现有理论具有一定的贡献，对于酒店品牌忠诚塑造与管理也提供了一定的实践启示，但是由于客观条件的限制以及主观能力的不足，本研究在研究范围、研究方法、研究视角上依旧存在研究局限，但这也为后续的研究提供了空间和理论思路。主要包括以下三个方面。

（1）研究样本局限

本研究虽然在样本酒店选择中已经尽力将粤北、粤东、粤西与珠三角都进行了区域上的考虑，但也是基于方便抽样的方法进行样本搜集，样本数量虽然在统计学上已经满足分析研究的要求，但这种基于传统的数据调查会存在地域限制、顾客样本较少等不足（Krawczyk, Xiang, 2016），基于地域与样本的局限可能会对本研究的结论产生一定影响，在一定程度上会限制本研究结论的适用性。本研究对样本数据的搜集均为白天进行，采用一对一问卷填写形式虽然可以较好地保证问卷质量与回收率，但有可能会错过部分晚上才在酒店活动的顾客，这有可能会对样本的代表性有影响；同时，研究对象选择方面都集中在了中国大陆的顾客，对不同文化背景的顾客缺乏关注。在未来的研究中，应从区域上进行多区域更大范围的样本选择，关注不同文化背景顾客的差异性，关注到不同集团与不同酒店品牌之间的差异性与相似性，包括采用大数据技术挖掘网络顾客评价，同时在样本搜集时间上考虑到昼夜顾客的作息时间差异，多种方式进行结合，增强样本的广泛性、多样性与代表性，来进一步验证本研究的结论。

（2）研究方法局限

本研究采用定量的研究方法，在消费者利益理论、品牌关系理论与价值共创理论的基础上，通过偏最小二乘法（PLS）来探索服务接触、顾客体验价值、品牌偏好与品牌忠诚之间的关系。风笑天（2016）认为定量研究方法可以较好地处理并探讨各个变量之间的关系、相互影响以及因果联系，但与定性研究相比，没有重视现象与背景之间的关系、现象的整体变化过程以及现象与行为对行为主体所具有的意义。

这一研究方法的局限在本研究中的体现之一是本研究两个变量的测量量表来源。虽然服务接触与品牌偏好测量量表是经过文献梳理后筛选得到的大多数学者认同的成熟量表,但学者的研究发现顾客期望与感知可能存在跨文化的差异性(Liu, Teichert, Rossi, Li, Hu,2017; Bodet, Anaba, Bouchet, 2017)。虽然量表通过了预调研与正式调研的数据检验,但基于文化背景差异性条件下的测量量表存在准确性与适用性的不足。因此在后续的研究中,可以尝试采用深度访谈等定性研究方法,开发完善适用于多文化背景下的服务接触与品牌偏好测量量表。

(3)研究视角局限

本研究从顾客视角探讨了服务接触、顾客体验价值、品牌偏好对品牌忠诚的影响机制,探索了酒店品牌忠诚的形成路径,便于酒店品牌市场定位与调整(Plumeyer, Kottemann, Böger, Decker, 2017)。在酒店品牌市场定位与竞争格局的形成中,忠诚的塑造过程不仅仅需要得到顾客的参与与支持,同时也需要酒店员工尤其是酒店管理层的全力配合与协调。基于顾客与酒店员工(包括酒店管理层)两个视角的酒店品牌忠诚培育与塑造应该在未来的研究中得到重视,将两者结合起来去理解酒店品牌定位,这样酒店才能更好地进行资源配置以优化顾客体验,促使顾客对酒店品牌产生共鸣,塑造酒店品牌忠诚(Hu , Trivedi, 2020)。

附录

附录1 本研究问卷

（1）预调研问卷

服务接触、顾客体验价值、品牌偏好与品牌忠诚预调研问卷

尊敬的顾客：

您好！我是澳门城市大学国际旅游与管理学院国际旅游管理专业的博士研究生，正在对服务接触、顾客体验价值、品牌偏好与品牌忠诚进行调查，感谢您抽出宝贵时间协助填写这份问卷。调研数据和结果仅用于学术研究，您的信息将会被严格保密，请您如实填写。感谢您的支持与配合，祝您身体健康、生活幸福！

问卷说明：

① 量化分数说明：1表示非常不同意，2表示不同意，3表示比较不同意，4表示一般，5表示比较同意，6表示同意，7表示非常同意。

② 所有问卷均采用匿名填写方式，您无需填写姓名。

③ 请您在认为最佳答案编号后面打"√"。

④ 以下问题若无特殊说明，均为单项选择。

第一部分

序号	问项内容	非常不同意	不同意	比较不同意	一般	比较同意	同意	非常同意
服务接触								
PE1	灯光温度与音乐舒适	1	2	3	4	5	6	7
PE2	酒店整洁香氛独特舒适	1	2	3	4	5	6	7
PE3	酒店装潢设计吸引人	1	2	3	4	5	6	7
IC1	顾客着装与仪容仪表好	1	2	3	4	5	6	7
IC2	顾客行为举止礼貌友善	1	2	3	4	5	6	7
IC3	顾客不喧哗、尊重他人	1	2	3	4	5	6	7
EC1	员工仪容仪表得体	1	2	3	4	5	6	7
EC2	员工认真倾听回复顾客	1	2	3	4	5	6	7
EC3	能及时为顾客排忧解难	1	2	3	4	5	6	7
EC4	员工专业，值得信赖	1	2	3	4	5	6	7
EC5	我尊重服务人员的职业	1	2	3	4	5	6	7

续表

序号	问项内容	非常不同意	不同意	比较不同意	一般	比较同意	同意	非常同意
服务接触									
EC6	我对服务人员很信任	1	2	3	4	5	6	7
EC7	我与服务人员关系良好	1	2	3	4	5	6	7
EC8	我希望再次得到服务	1	2	3	4	5	6	7
顾客体验价值									
EV1	该酒店让我精神愉悦	1	2	3	4	5	6	7
EV2	该酒店让我身体放松	1	2	3	4	5	6	7
EV3	我会怀念这段体验	1	2	3	4	5	6	7
PV1	该酒店价格合理	1	2	3	4	5	6	7
PV2	该酒店物有所值	1	2	3	4	5	6	7
PV3	该酒店价格有竞争力	1	2	3	4	5	6	7
QV1	该酒店服务质量优秀	1	2	3	4	5	6	7
QV2	服务让人满意值得信赖	1	2	3	4	5	6	7
QV3	能感受卓越服务质量	1	2	3	4	5	6	7
品牌偏好									
BP1	我更了解该酒店品牌	1	2	3	4	5	6	7
BP2	该酒店品牌更吸引我	1	2	3	4	5	6	7
BP3	这是我最偏爱的品牌	1	2	3	4	5	6	7
BP4	没有该品牌我会想念	1	2	3	4	5	6	7
BP5	想与该品牌有良好关系	1	2	3	4	5	6	7
品牌忠诚									
BAL1	我希望一直信任该品牌	1	2	3	4	5	6	7
BAL2	该品牌是我的第一选择	1	2	3	4	5	6	7
BAL3	我是该品牌的忠实顾客	1	2	3	4	5	6	7

续表

序号	问项内容	非常不同意	不同意	比较不同意	一般	比较同意	同意	非常同意
品牌忠诚								
BBL1	我会持续购买该品牌	1	2	3	4	5	6	7
BBL2	我总是积极支持该品牌	1	2	3	4	5	6	7
BBL3	我会向亲朋推荐该品牌	1	2	3	4	5	6	7

第二部分

① 您的性别：男（　　　）、女（　　　）

② 您的年龄：20岁以下（　　　）、20～30岁（　　　）、31～40岁（　　　）、41～50岁（　　　）、51岁以上（　　　）

③ 您的文化程度：高中以下（　　　）、高中与中专（　　　）、大专（　　　）、本科（　　　）、研究生（　　　）

④ 每年住该品牌次数：9次以下（　　　）、10～24次（　　　）、25～49次（　　　）、50～74次（　　　）、75次以上（　　　）

⑤ 您是否该集团常旅客计划会员：是（　　　）、否（　　　）

⑥ 您的职业：个体（　　　）、国企（　　　）、事业单位与公务员（　　　）、外企或私企（　　　）、自由职业者（　　　）、学生（　　　）、退休人员（　　　）、其他（　　　）

⑦ 您的月收入：5000元以下（　　　）、5001～8000元（　　　）、8001～12000元（　　　）、12000元以上（　　　）

（2）正式调研问卷

服务接触、顾客体验价值、品牌偏好与品牌忠诚正式调研问卷

问卷编号：_____

尊敬的顾客：

您好！我是澳门城市大学国际旅游与管理学院国际旅游管理专业的博士研究生，正在对服务接触、顾客体验价值、品牌偏好与品牌忠诚进行调查，感谢您抽出宝贵时间协助填写这份问卷。调研数据和结果仅用于学术研究，您的信息将会被严格保密，请您如实填写。感谢您的支持与配合，祝您身体健康、生活幸福！如果您对此问卷有任何疑问或建议，请联系邮箱 angletw@aliyun.com。

问卷说明：

① 量化分数说明：1表示非常不同意，2表示不同意，3表示比较不同意，4表示一般，5表示比较同意，6表示同意，7表示非常同意。

② 所有问卷均采用匿名填写方式，您无需填写姓名。

③ 请您在认为最佳答案编号后面打"√"。

④ 以下问题若无特殊说明，均为单项选择。

第一部分

序号	问项内容	非常不同意	不同意	比较不同意	一般	比较同意	同意	非常同意
服务接触								
PE1	灯光温度与音乐舒适	1	2	3	4	5	6	7
PE2	酒店整洁香氛独特舒适	1	2	3	4	5	6	7
PE3	酒店装潢设计吸引人	1	2	3	4	5	6	7
IC1	顾客着装与仪容仪表好	1	2	3	4	5	6	7
IC2	顾客行为举止礼貌友善	1	2	3	4	5	6	7
IC3	顾客不喧哗、尊重他人	1	2	3	4	5	6	7
EC1	员工仪容仪表得体	1	2	3	4	5	6	7
EC2	员工认真倾听回复顾客	1	2	3	4	5	6	7
EC3	能及时为顾客排忧解难	1	2	3	4	5	6	7
EC4	员工专业，值得信赖	1	2	3	4	5	6	7
EC5	我对服务人员很信任	1	2	3	4	5	6	7
EC6	我希望再次得到服务	1	2	3	4	5	6	7
顾客体验价值								
EV1	该酒店让我精神愉悦	1	2	3	4	5	6	7
EV2	该酒店让我身体放松	1	2	3	4	5	6	7
EV3	我会怀念这段体验	1	2	3	4	5	6	7
PV1	该酒店价格合理	1	2	3	4	5	6	7
PV2	该酒店物有所值	1	2	3	4	5	6	7
PV3	该酒店价格有竞争力	1	2	3	4	5	6	7
QV1	该酒店服务质量优秀	1	2	3	4	5	6	7

续表

序号	问项内容	非常不同意	不同意	比较不同意	一般	比较同意	同意	非常同意
顾客体验价值								
QV2	服务让人满意值得信赖	1	2	3	4	5	6	7
QV3	能感受卓越服务质量	1	2	3	4	5	6	7
品牌偏好								
BP1	我更了解该酒店品牌	1	2	3	4	5	6	7
BP2	该酒店品牌更吸引我	1	2	3	4	5	6	7
BP3	这是我最偏爱的品牌	1	2	3	4	5	6	7
BP4	没有该品牌我会想念	1	2	3	4	5	6	7
BP5	想与该品牌有良好关系	1	2	3	4	5	6	7
品牌忠诚								
BAL1	我希望一直信任该品牌	1	2	3	4	5	6	7
BAL2	该品牌是我的第一选择	1	2	3	4	5	6	7
BAL3	我是该品牌的忠实顾客	1	2	3	4	5	6	7
BBL1	我会持续购买该品牌	1	2	3	4	5	6	7
BBL2	我总是积极支持该品牌	1	2	3	4	5	6	7
BBL3	我会向亲朋推荐该品牌	1	2	3	4	5	6	7

第二部分

① 您的性别：男（　　　）、女（　　　）

② 您的年龄：20岁以下（　　　）、20～30岁（　　　）、31～40岁（　　　）、41～50岁（　　　）、51岁以上（　　　）

③ 您的文化程度：高中以下（　　　）、高中与中专（　　　）、大专（　　　）、本科（　　　）、研究生（　　　）

④ 每年住该品牌次数：9次以下（　　　）、10～24次（　　　）、25～49次（　　　）、50～74次（　　　）、75次以上（　　　）

⑤ 您是否该集团常旅客计划会员：是（　　　）、否（　　　）

⑥ 您的职业：个体（　　　）、国企（　　　）、事业单位与公务员（　　　）、外企或私企（　　　）、自由职业者（　　　）、学生（　　　）、退休人员（　　　）、其他（　　　）

⑦ 您的月收入：5000元以下（　　　）、5001～8000元（　　　）、8001～12000元（　　　）、12000元以上（　　　）

附录2 方差分析详细结果

表附2-1 年龄在各变量上的方差分析

变量		平方和	自由度	均方	F	显著性
PE	组间	3.431	4	0.858	1.747	0.139
	组内	176.691	360	0.491		
	总计	180.122	364			
IC	组间	1.509	4	0.377	0.576	0.681
	组内	235.900	360	0.655		
	总计	237.408	364			
EC	组间	1.024	4	0.256	0.576	0.680
	组内	160.025	360	0.445		
	总计	161.048	364			
EV	组间	1.391	4	0.348	0.822	0.511
	组内	152.205	360	0.423		
	总计	153.596	364			
PV	组间	2.511	4	0.628	1.229	0.298
	组内	183.844	360	0.511		
	总计	186.355	364			
QV	组间	1.828	4	0.457	0.810	0.519
	组内	203.075	360	0.564		
	总计	204.903	364			
BP	组间	4.558	4	1.139	1.744	0.140
	组内	235.205	360	0.653		
	总计	239.763	364			
BAL	组间	5.635	4	1.409	1.699	0.150
	组内	298.513	360	0.829		
	总计	304.148	364			
BBL	组间	2.738	4	0.684	0.805	0.523
	组内	306.084	360	0.850		
	总计	308.822	364			

注:PE=物理环境;IC=顾客顾客;EC=员工顾客;EV=情感价值;PV=价格价值;QV=质量价值;BP=品牌偏好;BAL=品牌态度忠诚;BBL=品牌行为忠诚。

表附2-2 文化程度在各变量上的方差分析

变量		平方和	自由度	均方	F	显著性
PE	组间	1.355	4	0.339	0.682	0.605
	组内	178.767	360	0.497		
	总计	180.122	364			
IC	组间	1.020	4	0.255	0.388	0.817
	组内	236.388	360	0.657		
	总计	237.408	364			
EC	组间	2.173	4	0.543	1.231	0.297
	组内	158.875	360	0.441		
	总计	161.048	364			
EV	组间	2.866	4	0.717	1.711	0.147
	组内	150.730	360	0.419		
	总计	153.596	364			
PV	组间	4.910	4	1.227	2.435	0.047
	组内	181.445	360	0.504		
	总计	186.355	364			
QV	组间	3.538	4	0.884	1.581	0.179
	组内	201.365	360	0.559		
	总计	204.903	364			
BP	组间	3.877	4	0.969	1.479	0.208
	组内	235.886	360	0.655		
	总计	239.763	364			
BAL	组间	3.098	4	0.774	0.926	0.449
	组内	301.050	360	0.836		
	总计	304.148	364			
BBL	组间	1.294	4	0.323	0.379	0.824
	组内	307.528	360	0.854		
	总计	308.822	364			

注：PE=物理环境；IC=顾客顾客；EC=员工顾客；EV=情感价值；PV=价格价值；QV=质量价值；BP=品牌偏好；BAL=品牌态度忠诚；BBL=品牌行为忠诚。

表附2-3　文化程度在价格价值上的多重比较

学历（I）	学历（J）	均值差（I-J）	标准误差	显著性	下限	上限
本科	高中以下	0.80450	0.41222	0.052	−0.0062	1.6152
	高中与中专	0.02672	0.22875	0.907	−0.4231	0.4766
	大专	0.12196	0.11050	0.270	−0.0953	0.3393
	研究生	0.28688[①]	0.11923	0.017	0.0524	0.5214
研究生	高中以下	0.51762	0.42462	0.224	−0.3174	1.3527
	高中与中专	−0.26016	0.25039	0.299	−0.7526	0.2322
	大专	−0.16492	0.15026	0.273	−0.4604	0.1306
	本科	−0.28688[①]	0.11923	0.017	−0.5214	−0.0524

① 平均值差值的显著性水平为0.05。

表附2-4　每年入住该品牌次数在各变量上的方差分析

变量		平方和	自由度	均方	F	显著性
PE	组间	3.626	2	1.813	3.718	0.025
	组内	176.496	362	0.488		
	总计	180.122	364			
IC	组间	4.725	2	2.363	3.676	0.026
	组内	232.683	362	0.643		
	总计	237.408	364			
EC	组间	2.485	2	1.243	2.837	0.060
	组内	158.563	362	0.438		
	总计	161.048	364			
EV	组间	1.276	2	0.638	1.517	0.221
	组内	152.320	362	0.421		
	总计	153.596	364			
PV	组间	4.330	2	2.165	4.305	0.014
	组内	182.025	362	0.503		
	总计	186.355	364			
QV	组间	4.036	2	2.018	3.636	0.027
	组内	200.867	362	0.555		
	总计	204.903	364			

续表

变量		平方和	自由度	均方	F	显著性
BP	组间	3.749	2	1.875	2.875	0.058
	组内	236.013	362	0.652		
	总计	239.763	364			
BAL	组间	2.472	2	1.236	1.483	0.228
	组内	301.676	362	0.833		
	总计	304.148	364			
BBL	组间	2.937	2	1.469	1.738	0.177
	组内	305.885	362	0.845		
	总计	308.822	364			

注：PE=物理环境；IC=顾客顾客；EC=员工顾客；EV=情感价值；PV=价格价值；QV=质量价值；BP=品牌偏好；BAL=品牌态度忠诚；BBL=品牌行为忠诚。

表附2-5　每年入住该品牌次数的多重比较

变量	I	J	平均值差值（I-J）	标准误差	显著性	95%置信区间	
						下限	上限
PE	9次以下	10～24次	0.00038	0.0860	0.996	-0.1687	0.1695
		25～49次	0.78391①	0.2882	0.007	0.2172	1.3506
	10～24次	9次以下	-0.00038	0.0860	0.996	-0.1695	0.1687
		25～49次	0.78352①	0.2947	0.008	0.2039	1.3631
	25～49次	9次以下	-0.78391①	0.2882	0.007	-1.3506	-0.2172
		10～24次	-0.78352①	0.2947	0.008	-1.3631	-0.2039
IC	9次以下	10～24次	-0.04275	0.0988	0.665	-0.2369	0.1514
		25～49次	0.87296①	0.3309	0.009	0.2222	1.5237
	10～24次	9次以下	0.04275	0.0988	0.665	-0.1514	0.2369
		25～49次	0.91571①	0.3384	0.007	0.2502	1.5812
	25～49次	9次以下	-0.87296①	0.3309	0.009	-1.5237	-0.2222
		10～24次	-0.91571①	0.3384	0.007	-1.5812	-0.2502

续表

变量	I	J	平均值差值（I-J）	标准误差	显著性	95%置信区间	
						下限	上限
PV	9次以下	10～24次	−0.07646	0.0873	0.382	−0.2482	0.0953
		25～49次	0.79902①	0.2927	0.007	0.2235	1.3746
	10～24次	9次以下	0.07646	0.0873	0.382	−0.0953	0.2482
		25～49次	0.87548①	0.2993	0.004	0.2869	1.4641
	25～49次	9次以下	−0.79902①	0.2927	0.007	−1.3746	−0.2235
		10～24次	−0.87548①	0.2993	0.004	−1.4641	−0.2869
QV	9次以下	10～24次	−0.00625	0.0918	0.946	−0.1867	0.1742
		25～49次	0.82516①	0.3074	0.008	0.2206	1.4298
	10～24次	9次以下	0.00625	0.0918	0.946	−0.1742	0.1867
		25～49次	0.83142①	0.3144	0.009	0.2131	1.4497
	25～49次	9次以下	−0.82516①	0.3074	0.008	−1.4298	−0.2206
		10～24次	−0.83142①	0.3144	0.009	−1.4497	−0.2131

注：PE=物理环境；IC=顾客顾客；PV=价格价值；QV=质量价值
① 平均值差值的显著性水平为 0.05。

表附2-6 职业在各变量上的方差分析

变量		平方和	自由度	均方	F	显著性
PE	组间	4.294	6	0.716	1.457	0.192
	组内	175.828	358	0.491		
	总计	180.122	364			
IC	组间	6.574	6	1.096	1.699	0.120
	组内	230.834	358	0.645		
	总计	237.408	364			
EC	组间	3.096	6	0.516	1.170	0.322
	组内	157.952	358	0.441		
	总计	161.048	364			
EV	组间	3.421	6	0.570	1.359	0.230
	组内	150.176	358	0.419		
	总计	153.596	364			

续表

变量		平方和	自由度	均方	F	显著性
PV	组间	6.291	6	1.049	2.085	0.054
	组内	180.064	358	0.503		
	总计	186.355	364			
QV	组间	5.022	6	0.837	1.499	0.177
	组内	199.881	358	0.558		
	总计	204.903	364			
BP	组间	4.704	6	0.784	1.194	0.309
	组内	235.058	358	0.657		
	总计	239.763	364			
BAL	组间	4.330	6	0.722	0.862	0.523
	组内	299.818	358	0.837		
	总计	304.148	364			
BBL	组间	3.334	6	0.556	0.651	0.689
	组内	305.488	358	0.853		
	总计	308.822	364			

注：PE=物理环境；IC=顾客顾客；EC=员工顾客；EV=情感价值；PV=价格价值；QV=质量价值；BP=品牌偏好；BAL=品牌态度忠诚；BBL=品牌行为忠诚。

表附2-7 月收入在各变量上的方差分析

变量		平方和	自由度	均方	F	显著性
PE	组间	2.775	3	0.925	1.883	0.132
	组内	177.347	361	0.491		
	总计	180.122	364			
IC	组间	3.947	3	1.316	2.034	0.109
	组内	233.461	361	0.647		
	总计	237.408	364			
EC	组间	2.258	3	0.753	1.711	0.164
	组内	158.791	361	0.440		
	总计	161.048	364			

续表

变量		平方和	自由度	均方	F	显著性
EV	组间	1.630	3	0.543	1.291	0.277
	组内	151.967	361	0.421		
	总计	153.596	364			
PV	组间	2.593	3	0.864	1.698	0.167
	组内	183.762	361	0.509		
	总计	186.355	364			
QV	组间	4.215	3	1.405	2.527	0.057
	组内	200.688	361	0.556		
	总计	204.903	364			
BP	组间	2.833	3	0.944	1.439	0.231
	组内	236.930	361	0.656		
	总计	239.763	364			
BAL	组间	1.813	3	0.604	0.722	0.540
	组内	302.335	361	0.837		
	总计	304.148	364			
BBL	组间	4.382	3	1.461	1.732	0.160
	组内	304.440	361	0.843		
	总计	308.822	364			

注：PE=物理环境；IC=顾客顾客；EC=员工顾客；EV=情感价值；PV=价格价值；QV=质量价值；BP=品牌偏好；BAL=品牌态度忠诚；BBL=品牌行为忠诚。

表附2-8 性别在各变量上的方差分析

变量	性别	样本数	均值	莱文显著性	平均值等同性 T 检验				
					显著性	平均值差值	标准误差差值	95% 置信区间	
								下限	上限
PE	男	191	5.5079	0.884	0.676	0.03084	0.07380	−0.11430	0.17598
	女	174	5.4770						
IC	男	191	5.3141	0.420	0.982	0.00188	0.08475	−0.16479	0.16854
	女	174	5.3123						
EC	男	191	5.7190	0.008	0.697	0.02745	0.07039	−0.11101	0.16592
	女	174	5.6916						

续表

变量	性别	样本数	均值	莱文显著性	平均值等同性T检验				
					显著性	平均值差值	标准误差差值	95%置信区间	
								下限	上限
EV	男	191	5.6771	0.242	0.233	0.08135	0.06804	−0.05244	0.21515
	女	174	5.5958						
PV	男	191	5.3037	0.166	0.990	−0.00093	0.07509	−0.14860	0.14673
	女	174	5.3046						
QV	男	191	5.6143	0.212	0.532	0.04918	0.07869	−0.10558	0.20393
	女	174	5.5651						
BP	男	191	4.9969	0.426	0.416	0.06927	0.08509	−0.09807	0.23661
	女	174	4.9276						
BAL	男	191	5.1099	0.991	0.397	0.08121	0.09583	−0.10725	0.26967
	女	174	5.0287						
BBL	男	191	5.2600	0.377	0.199	0.12402	0.09644	−0.06564	0.31368
	女	174	5.1360						

注：PE=物理环境；IC=顾客顾客；EC=员工顾客；EV=情感价值；PV=价格价值；QV=质量价值；BP=品牌偏好；BAL=品牌态度忠诚；BBL=品牌行为忠诚。

表附2-9 会员情况在各变量上的方差分析

变量	会员	样本数	均值	莱文显著性	平均值等同性T检验				
					显著性	平均值差值	标准误差差值	95%置信区间	
								下限	上限
PE	是	136	5.4167	0.278	0.676	0.03084	0.07380	−0.11430	0.17598
	否	229	5.5386						
IC	是	136	5.2868	0.544	0.630	−0.04220	0.08752	−0.21431	0.12991
	否	229	5.3290						
EC	是	136	5.6507	0.469	0.222	−0.08798	0.07196	−0.22949	0.05353
	否	229	5.7387						
EV	是	136	5.5760	0.480	0.158	−0.09942	0.07023	−0.23752	0.03868
	否	229	5.6754						
PV	是	136	5.2721	0.081	0.510	−0.05109	0.07752	−0.20353	0.10136
	否	229	5.3231						

续表

变量	会员	样本数	均值	莱文显著性	平均值等同性 T 检验			
					显著性	平均值差值	标准误差差值	95%置信区间	
								下限	上限
QV	是	136	5.5123	0.842	0.123	−0.12530	0.08107	−0.28472	0.03412
	否	229	5.6376						
BP	是	136	5.0324	0.307	0.214	0.10921	0.08780	−0.06344	0.28186
	否	229	4.9231						
BAL	是	136	5.0539	0.439	0.781	−0.02759	0.09908	−0.22244	0.16726
	否	229	5.0815						
BBL	是	136	5.2279	0.360	0.666	0.04308	0.09983	−0.15323	0.23939
	否	229	5.1849						

注：PE=物理环境；IC=顾客顾客；EC=员工顾客；EV=情感价值；PV=价格价值；QV=质量价值；BP=品牌偏好；BAL=品牌态度忠诚；BBL=品牌行为忠诚。

参 考 文 献

[1] Aaker D A. The value of brand equity. Journal of business strategy, 1992, 13 (4): 27-32.

[2] Aaker D A. Managing brand equity. Simon and Schuster, 2009: 69-78.

[3] Aaker D A, Equity M B. Capitalizing on the Value of a Brand Name. New York, 1991, 28: 35-37.

[4] Aaker J, Fournier S, Brasel S A. When good brands do bad. Journal of Consumer research, 2004, 31 (1): 1-16.

[5] Aguilar-Illescas R, Anaya-Sanchez R, Alvarez-Frias V, et al. Mobile Fashion C2C Apps: Examining the Antecedents of Customer Satisfaction. Impact of Mobile Services on Business Development and E-Commerce (IGI Global), 2020: 126-143.

[6] Ahn J, Back K, Barišić P. The effect of dynamic integrated resort experience on Croatian customer behavior. Journal of Travel & Tourism Marketing, 2019, 36 (3): 358-370.

[7] Ahn J, Lee C, Back K, et al. Brand experiential value for creating integrated resort customers' co-creation behavior. International Journal of Hospitality Management, 2019, 81: 104-112.

[8] Akter S, Hossain M I, Lu S, et al. Does service quality perception in omnichannel retailing matter? A systematic review and agenda for future research Exploring Omnichannel Retailing, 2019, (71-97): Springer.

[9] Amaro S, Duarte P. An integrative model of consumers' intentions to purchase travel online. Tourism management, 2015, 46: 64-79.

[10] Amegbe H, Hanu C, Mensah F. Achieving service quality and students loyalty through intimacy and trust of employees of universities: A test case of Kenyan universities. International Journal of Educational Management, 2019, 33 (2): 359-373.

[11] Amin M, Yahya Z, Ismayatim W F A, et al. Service quality dimension and customer satisfaction: An empirical study in the Malaysian hotel industry. Services Marketing Quarterly, 2013, 34 (2): 115-125.

[12] Amoako G K, Anabila P, Asare Effah E, et al. Mediation role of brand preference on bank advertising and customer loyalty: A developing country perspective. International Journal of Bank Marketing, 2017, 35 (6): 983-996.

[13] An J, Wei W, Zhang W. Research on Factors Influencing the Loyalty of Campus Public Bicycles. DEStech Transactions on Economics, Business and Management (icssed).2018: 46-57.

[14] Anderson J C, Jain D, Chintagunta P K. Understanding customer value in business markets: Methods of customer value assessment. Journal of Business-to-Business Marketing, 1993, 1 (1): 3-30.

[15] Anderson R I, Fish M, Xia Y, et al. Measuring efficiency in the hotel industry: A stochastic frontier approach. International journal of hospitality Management, 1999, 18 (1): 45-57.

[16] Ang T, Liou R, Wei S. Perceived cultural distance in intercultural service encounters: does customer participation matter? Journal of Services Marketing, 2018, 32 (5): 547-558.

[17] Araujo T. Living up to the chatbot hype: The influence of anthropomorphic design cues and communicative

agency framing on conversational agent and company perceptions. Computers in Human Behavior, 2018, 85: 183-189.

[18] Arlie Hochschild J E T R. The Managed Heart: Commercialization of Human Feeling (1983, 307 pp, pp.). Berkeley, CA: University of California Press, 1983: 117-124.

[19] Assael H. Consumer behavior and marketing action: Kent Pub. Co. 1984: 74-86.

[20] Baker J, Cameron M. The effects of the service environment on affect and consumer perception of waiting time: An integrative review and research propositions. Journal of the Academy of Marketing Science, 1996, 24 (4): 338-349.

[21] Baldinger A L, Rubinson J. Brand loyalty: the link between attitude and behavior. Journal of advertising research, 1996, 36 (6): 22-35.

[22] Baloglu S. Dimensions of customer loyalty: Separating friends from well wishers. Cornell Hotel and Restaurant Administration Quarterly, 2002, 43 (1): 47-59.

[23] Barari M, Ross M, Surachartkumtonkun J. Negative and positive customer shopping experience in an online context. Journal of Retailing and Consumer Services, 2020, 53: 101-109.

[24] Barnes S J. The mobile commerce value chain: analysis and future developments. International journal of information management, 2002, 22 (2): 91-108.

[25] Baron R M, Kenny D A. The moderator-mediator variable distinction in social psychological research: Conceptual, strategic, and statistical considerations. Journal of personality and social psychology, 1986, 51 (6): 117-123.

[26] Barroso A, Llobet G. Advertising and consumer awareness of new, differentiated products. Journal of Marketing Research, 2012, 49 (6), 773-792.

[27] Bateson J E. Self-service consumer: An exploratory study. Journal of Retailing, 1985, 61: 49-76.

[28] Becker J, Ringle C M, Sarstedt M, et al. How collinearity affects mixture regression results. Marketing Letters, 2015, 26 (4): 643-659.

[29] Bell R, Buchner A. Positive effects of disruptive advertising on consumer preferences. Journal of Interactive Marketing, 2018, 41: 1-13.

[30] Bennett R, Härtel C E, McColl-Kennedy J R. Experience as a moderator of involvement and satisfaction on brand loyalty in a business-to-business setting 02-314R. Industrial marketing management, 2005, 34 (1): 97-107.

[31] Bennett R, Rundle-Thiele S. A comparison of attitudinal loyalty measurement approaches. Journal of Brand Management, 2002, 9 (3): 193-209.

[32] Berger P D, Bolton R N, et al. Marketing actions and the value of customer assets: a framework for customer asset management. Journal of Service Research, 2002, 5 (1): 39-54.

[33] Biedenbach G, Bengtsson M, Wincent J. Brand equity in the professional service context: Analyzing the impact of employee role behavior and customer-employee rapport. Industrial Marketing Management, 2011, 40 (7): 1093-1102.

[34] Bitner M J. Evaluating service encounters: the effects of physical surroundings and employee responses. Journal of marketing, 1990, 54 (2): 69-82.

[35] Bitner M J, Booms B H, Tetreault M S. The Service Encounter: Diagnosing Favorable and Unfavorable Incidents. Journal of Marketing, 1990, 54 (1): 71-84.

[36] Bitner M J, Brown S W, Meuter M L. Technology infusion in service encounters. Journal of the Academy

of Marketing Science, 2000, 28 (1): 138-147.

[37] Bitner M J, Ostrom A L, Meuter M L. Implementing successful self-service technologies. Academy of management perspectives, 2002, 16 (4): 96-108.

[38] Bobbitt L M, Dabholkar P A. Integrating attitudinal theories to understand and predict use of technology-based self-service: the internet as an illustration. International Journal of service Industry management, 2001, 12 (5): 423-450.

[39] Bodet G, Anaba V, Bouchet P. Hotel attributes and consumer satisfaction: A cross-country and cross-hotel study. Journal of Travel & Tourism Marketing, 2017, 34 (1): 52-69.

[40] Böhm S, Adam F, Farrell W C. Impact of the Mobile Operating System on Smartphone Buying Decisions: A Conjoint-Based Empirical Analysis. In International Conference on Mobile Web and Information Systems (pp. 198-210). Springer, Cham. 2015.

[41] Bollen K A. Structural equation models. Encyclopedia of biostatistics, 2005: 7-19.

[42] Brakus J J, Schmitt B H, Zarantonello L. Brand experience: what is it? How is it measured? Does it affect loyalty? Journal of marketing, 2009, 73 (3): 52-68.

[43] Bresin A. Perceptions of address practices in Italian interregional encounters. A case study of restaurant encounters. Journal of Pragmatics, 2019, 143: 185-200.

[44] Brown G H. Brand Loyalty-fact of fiction. Trademark Rep., 1953, 43: 251.

[45] Brown J R, Ragsdale C T. The competitive market efficiency of hotel brands: An application of data envelopment analysis. Journal of Hospitality & Tourism Research, 2002, 26 (4): 332-360.

[46] Butz H E, Goodstein L D. Customer Value: The Strategic Advantage. ANNUAL-SAN DIEGO-PFEIFFER AND COMPANY, 1996, 1: 209-226.

[47] Byrne E A, Parasuraman R. Psychophysiology and adaptive automation. Biological Psychology, 1996, 42 (3): 249-268.

[48] Cai L A, Hobson J P. Making hotel brands work in a competitive environment. Journal of Vacation Marketing, 2004, 10 (3): 197-208.

[49] Carlzon J, Peters T. Moments of truth, Ballinger Cambridge, MA, 1987: 72-76.

[50] Carpenter J M. Consumer shopping value, satisfaction and loyalty in discount retailing. Journal of retailing and consumer services, 2008, 15 (5): 358-363.

[51] Carroll B A, Ahuvia A C. Some antecedents and outcomes of brand love. Marketing letters, 2006, 17 (2), 79-89.

[52] Chandler J D, Vargo S L. Contextualization and value-in-context: How context frames exchange. Marketing theory, 2011, 11 (1): 35-49.

[53] Chandon J L, Leo P Y, Philippe J. Service encounter dimensions - a dyadic perspective: Measuring the dimensions of service encounters as perceived by customers and personnel. International Journal of Service Industry Management, 1997, 8 (1): 65-86.

[54] Chaudhuri A, Holbrook M B. The chain of effects from brand trust and brand affect to brand performance: the role of brand loyalty. Journal of marketing, 2001, 65 (2): 81-93.

[55] Chen A, Peng N, Hung K P. Examining tourists' loyalty toward cultural quarters. Annals of Tourism Research, 2015, 51: 59-63.

[56] Chen C, Chang Y. Airline brand equity, brand preference, and purchase intentions—The moderating effects of switching costs. Journal of Air Transport Management, 2008, 14 (1): 40-42.

[57] Choi S, Liu S Q, Mattila A S. "How may i help you?" Says a robot: Examining language styles in the service encounter. International Journal of Hospitality Management, 2019, 82: 32-38.

[58] Choi T Y, Chu R. Determinants of hotel guests' satisfaction and repeat patronage in the Hong Kong hotel industry. International Journal of Hospitality Management, 2001, 20 (3): 277-297.

[59] Choi Y. A Study of the Influence of Cross-Channel Integration in Customer Retention. International Journal of Customer Relationship Marketing and Management (IJCRMM), 2020, 11 (1): 19-30.

[60] Cobb-Walgren C J, Ruble C A, Donthu N. Brand equity, brand preference, and purchase intent. Journal of advertising, 1995, 24 (3): 25-40.

[61] Cohen J. Statistical power analysis for the behavioral sciences: Routledge. 2013: 72-86.

[62] Crites Jr S L, Fabrigar L R, Petty R E. Measuring the affective and cognitive properties of attitudes: Conceptual and methodological issues. Personality and Social Psychology Bulletin, 1994, 20 (6): 619-634.

[63] Crosby L A, Evans K R, Cowles D. Relationship Quality in Services Selling: An Interpersonal Influence Perspective. Journal of Marketing, 1990, 54 (3): 68-81.

[64] Crouch G I, Ritchie J B. Tourism, competitiveness, and societal prosperity. Journal of business research, 1999, 44 (3): 137-152.

[65] Crouch G I, Ritchie J B. Application of the analytic hierarchy process to tourism choice and decision making: A review and illustration applied to destination competitiveness. Tourism Analysis, 2005, 10 (1): 17-25.

[66] Csikszentmihalyi M I S. Optimal experience: Psychological studies of flow in consciousness. Cambridge university press, 1992: 54-67.

[67] CuLL M, Walker R. Moments of truth: Managing the face-to-face encounter in distance learning. Journal of Open, Flexible, and Distance Learning, 1995, 1 (1): 24-31.

[68] Cunningham S M. Perceived risk and brand loyalty. Risk taking and information handling in consumer behavior, 1967: 507-523.

[69] Czellar S, Palazzo G. The impact of perceived corporate brand values on brand preference: An exploratory empirical study. Paper presented at the Proceedings of the 33rd European Marketing Academy Conference, 2004: 89-96.

[70] Czepiel J A. Service encounters and service relationships: implications for research. Journal of business research, 1990, 20 (1): 13-21.

[71] Dabholkar P A. Consumer evaluations of new technology-based self-service options: an investigation of alternative models of service quality. International Journal of research in Marketing, 1996, 13 (1): 29-51.

[72] Dabholkar P A, Michelle Bobbitt L, Lee E. Understanding consumer motivation and behavior related to self-scanning in retailing: Implications for strategy and research on technology-based self-service. International Journal of Service Industry Management, 2003, 14 (1): 59-95.

[73] Dabholkar P A, Shepherd C D, Thorpe D I. A comprehensive framework for service quality: an investigation of critical conceptual and measurement issues through a longitudinal study. Journal of retailing, 2000, 76 (2): 139-173.

[74] Darley W K, Blankson C, Luethge D J. Toward an integrated framework for online consumer behavior and decision making process: A review. Psychology & marketing, 2010, 27 (2): 94-116.

[75] Day G S. A two-dimensional concept of brand loyalty Mathematical models in marketing (89): Springer, 1976: 89-96.

[76] D'Cunha S, Suresh S, Kumar V. Service quality in healthcare: Exploring servicescape and patients' perceptions. International Journal of Healthcare Management, 2019: 1-7.

[77] De Keyser A, Köcher S, Alkire L, et al. Frontline Service Technology infusion: conceptual archetypes and future research directions. Journal of Service Management, 2019, 10 (1108): 1-29.

[78] De Ruyter K, Wetzels M G. The impact of perceived listening behavior in voice-to-voice service encounters. Journal of Service Research, 2000, 2 (3), 276-284.

[79] Degeratu A M, Rangaswamy A, Wu J. Consumer choice behavior in online and traditional supermarkets: The effects of brand name, price, and other search attributes. International Journal of research in Marketing, 2000, 17 (1): 55-78.

[80] Deighton J, Henderson C M, Neslin S A. The effects of advertising on brand switching and repeat purchasing. Journal of marketing research, 1994, 31 (1): 28-43.

[81] DelVecchio D, Henard D H, Freling T H. The effect of sales promotion on post-promotion brand preference: A meta-analysis. Journal of retailing, 2006, 82 (3): 203-213.

[82] Dennis C, Joško Brakus J, Alamanos E. The wallpaper matters: Digital signage as customer-experience provider at the Harrods (London, UK) department store. Journal of Marketing Management, 2013, 29 (3-4): 338-355.

[83] Desi Ratnasari D. Pengaruh implementasi service encounter dan experiential marketing terhadap kepuasan nasabah pt. bank negara indonesia syariah kantor kas fakultas ekonomi uii yogyakarta. Universitas Teknologi Yogyakarta, 2019: 116-127.

[84] DeVillis R F. Scale development: Theory and applications. Newbury Park, CA: Sage, 1991: 92-104.

[85] Dewnarain S, Ramkissoon H, Mavondo F. Social customer relationship management: An integrated conceptual framework. Journal of Hospitality Marketing & Management, 2019, 28 (2): 172-188.

[86] Di Chiara G, Bassareo V. Reward system and addiction: what dopamine does and doesn't do. Current opinion in pharmacology, 2007, 7 (1): 69-76.

[87] Dick A S, Basu K. Customer loyalty: toward an integrated conceptual framework. Journal of the academy of marketing science, 1994, 22 (2): 99-113.

[88] Divakaran P K P. Pre-release member participation as potential predictors of post-release community members' adoption behaviour: evidence from the motion picture industry. Behaviour & Information Technology, 2013, 32 (6): 545-559.

[89] Dong P, Siu N Y. Servicescape elements, customer predispositions and service experience: The case of theme park visitors. Tourism Management, 2013, 36: 541-551.

[90] Drennan J, Mccoll Kennedy J R. The relationship between Internet use and perceived performance in retail and professional service firms. Journal of Services Marketing, 2003, 17 (3): 295-309.

[91] Erciş A, Ünal S, Candan, et al. The effect of brand satisfaction, trust and brand commitment on loyalty and repurchase intentions. Procedia-Social and Behavioral Sciences, 2012, 58: 1395-1404.

[92] Erdoğmuş O E, Cicek M. The impact of social media marketing on brand loyalty. Procedia-Social and Behavioral Sciences, 2012, 58: 1353-1360.

[93] Eriksson M, Bäckström I, Ingelsson P, et al. Measuring customer value in commercial experiences. Total Quality Management & Business Excellence, 2018, 29 (5-6): 618-632.

[94] Fandos Herrera C, Flavián Blanco C. Consequences of consumer trust in PDO food products: the role of familiarity. Journal of Product & Brand Management, 2011, 20 (4): 282-296.

[95] Farr A, Hollis N. What do you want your brand to be when it grows up: big and strong? Journal of Advertising Research, 1997, 37 (6): 23-37.

[96] Fornell C, Larcker D F. Evaluating structural equation models with unobservable variables and measurement error. Journal of marketing research, 1981, 18 (1): 39-50.

[97] Fournier S. Consumers and Their Brands: Developing Relationship Theory in Consumer Research. Journal of Consumer Research, 1998, 24 (4): 343-353.

[98] Fritz M S, MacKinnon D P. Required sample size to detect the mediated effect. Psychological science, 2007, 18 (3): 233-239.

[99] Fuchs M, Zanker M. Multi-criteria ratings for recommender systems : An empirical analysis in the tourism domain.In International Conference on Electronic Commerce and Web Technologies, Springer, Berlin, Heidelberg, 2012: 100-111.

[100] Gale B, Gale B T, Wood R C. Managing customer value: Creating quality and service that customers can see: Simon and Schuster, New York City, 1994: 86-97.

[101] Gaur S S, Sharma P, Herjanto H, et al. Impact of frontline service employees' acculturation behaviors on customer satisfaction and commitment in intercultural service encounters. Journal of Service Theory and Practice, 2017, 27 (6): 1105-1121.

[102] Geigenmüller A, Greschuchna L. How to establish trustworthiness in initial service encounters. Journal of Marketing Theory and Practice, 2011, 19 (4): 391-406.

[103] Gentile C, Spiller N, Noci, G. How to sustain the customer experience:: An overview of experience components that co-create value with the customer. European management journal, 2007, 25 (5): 395-410.

[104] Gieling J, Ong C. Warfare tourism experiences and national identity: The case of Airborne Museum 'Hartenstein' in Oosterbeek, the Netherlands. Tourism Management, 2016, 57: 45-55.

[105] Gilbert D, Wong R K. Passenger expectations and airline services: a Hong Kong based study. Tourism Management, 2003, 24 (5): 519-532.

[106] Gligor D, Bozkurt S. FsQCA versus regression: The context of customer engagement. Journal of Retailing and Consumer Services, 2020, 52: 101-109.

[107] Gonzalez L M. The impact of ad background color on brand personality and brand preferences. Electronic version. Retrieved December, 2005, 13, 2007: 77-89.

[108] Gralpois B. Fighting the illusion of brand loyalty. Direct Marketing, 1998, 61 (8): 62-65.

[109] Gremler D D, Brown S W. Service loyalty: its nature, importance, and implications. Advancing service quality: A global perspective, 1996, 5: 171-181.

[110] Gremler D D, Gwinner K P. Customer-Employee Rapport in Service Relationships. Journal of Service Research, 2000, 3 (1): 82-104.

[111] Grönroos C. A service quality model and its marketing implications. European Journal of marketing, 1984, 18 (4): 36-44.

[112] Grönroos C. Creating a Relationship Dialogue: Communication, Interaction and Value. Marketing Review, 2000, 1 (1): 5-14.

[113] Groth M, Gutek B A, Douma B. Effects of service mechanisms and modes on customers' attributions about service delivery. Journal of Quality Management, 2001, 6 (2): 331-348.

[114] Grove S J, Fisk R P. The impact of other customers on service experiences: A critical incident examination of "getting along". Journal of Retailing, 1997, 73 (1): 63-85.

[115] Gruber J, Wise D. Social security and retirement: An international comparison. The American Economic Review, 1998, 88 (2): 158-163.

[116] Gruen T W, Hofstetter J S. The Relationship Marketing View of the Customer and the Service Dominant Logic Perspective. Journal of Business Market Management, 2010, 4 (4): 231-245.

[117] Guiry M. Consumer and employee roles in service encounters. ACR North American Advances, 1992: 54-66.

[118] Gupta A, Dash S, Mishra A. All that glitters is not green: Creating trustworthy ecofriendly services at green hotels. Tourism Management, 2019, 70: 155-169.

[119] Gupta S, Malhotra N K, Czinkota M, et al. The local brand representative in reseller networks. Journal of Business Research, 2016, 69 (12): 5712-5723.

[120] Gwinner K P, Gremler D D, Bitner M J. Relational benefits in services industries: the customer's perspective. Journal of the academy of marketing science, 1998, 26 (2): 101-114.

[121] Ha C L. The theory of reasoned action applied to brand loyalty. Journal of Product and Brand Management, 1998, 7 (1): 51-61.

[122] Ha H Y, Perks H. Effects of consumer perceptions of brand experience on the web: Brand familiarity, satisfaction and brand trust. Journal of Consumer Behaviour: An International Research Review, 2005, 4 (6): 438-452.

[123] Hair Jr J F, Black W C, Babin B J, et al. Multivariate data analysis. vectors, 7th Editio: Pearson Prentice Hall, 2010: 58-69.

[124] Hallowell R. The relationships of customer satisfaction, customer loyalty, and profitability: an empirical study. International journal of service industry management, 1996, 7 (4): 27-42.

[125] Han H, Jongsik Y, Hyun S S. Nature based solutions and customer retention strategy: Eliciting customer well-being experiences and self-rated mental health. International Journal of Hospitality Management, 2020, 86: 102-114.

[126] Han H, Shim C, Lee W S, et al. Product performance and its role in airline image generation and customer retention processes: gender difference. Journal of Travel & Tourism Marketing, 2019, 36 (4): 536-548.

[127] Hankinson G. Destination brand images: a business tourism perspective. Journal of Services Marketing, 2005, 19 (1): 24-32.

[128] Harris L C, Goode M M. The four levels of loyalty and the pivotal role of trust: a study of online service dynamics. Journal of retailing, 2004, 80 (2): 139-158.

[129] Hartline M D, Ferrell O C. The management of customer-contact service employees: an empirical investigation. Journal of marketing, 1996, 60 (4): 52-70.

[130] Hawkins K, Vel P. Attitudinal loyalty, behavioural loyalty and social media: An introspection. The Marketing Review, 2013, 13 (2): 125-141.

[131] Hayes A F. Beyond Baron and Kenny: Statistical mediation analysis in the new millennium. Communication monographs, 2009, 76 (4): 408-420.

[132] He J, Wang C L. Cultural identity and consumer ethnocentrism impacts on preference and purchase of domestic versus import brands: An empirical study in China. Journal of Business Research, 2015, 68 (6): 1225-1233.

[133] Heilman C M, Bowman D, Wright G P. The evolution of brand preferences and choice behaviors of consumers new to a market. Journal of Marketing Research, 2000, 37 (2): 139-155.

[134] Heinrich P, Schwabe G. Facilitating informed decision-making in financial service encounters. Business & Information Systems Engineering, 2018, 60 (4): 317-329.

[135] Hennig-Thurau T, Groth M, Paul M, et al. Are All Smiles Created Equal? How Emotional Contagion and Emotional Labor Affect Service Relationships. Journal of Marketing, 2006, 70 (3): 58-73.

[136] Holbrook M B. Introduction to consumer value. Consumer Value: A Framework for Analysis and Research. Routledge, London, 1999: 1-28.

[137] Holbrook M B. Consumption experience, customer value, and subjective personal introspection: An illustrative photographic essay. Journal of business research, 2006, 59 (6): 714-725.

[138] Holbrook M B, Hirschman E C. The experiential aspects of consumption: Consumer fantasies, feelings, and fun. Journal of consumer research, 1982, 9 (2): 132-140.

[139] Homburg C, Hoyer W D, Stock R M. How to get lost customers back? Journal of the Academy of Marketing Science, 2007, 35 (4): 461-474.

[140] Howard J A, Sheth J N. The theory of buyer behavior. New York, 1969: 63-72.

[141] Howcroft B, Hewer P, Durkin M. Banker-customer interactions in financial services. Journal of Marketing Management, 2003, 19 (9-10): 1001-1020.

[142] Hoyer W D, Brown S P. Effects of brand awareness on choice for a common, repeat-purchase product. Journal of consumer research, 1990, 17 (2): 141-148.

[143] Hsu M K, Huang, T L, Keng C J, et al. Modeling service encounters and customer experiential value in retailing: An empirical investigation of shopping mall customers in Taiwan. International Journal of Service Industry Management, 2007, 18 (4): 349-367.

[144] Hu F, Trivedi R H. Mapping hotel brand positioning and competitive landscapes by text-mining user-generated content. International Journal of Hospitality Management, 2020, 84: 102-113.

[145] Hu M, Qiu P, Wan F, et al. Love or hate, depends on who's saying it: How legitimacy of brand rejection alters brand preferences. Journal of Business Research, 2018, 90: 164-170.

[146] Huang: J, Hsu C H. The impact of customer-to-customer interaction on cruise experience and vacation satisfaction. Journal of Travel Research, 2010, 49 (1): 79-92.

[147] Huang T. Creating a commercially compelling smart service encounter. Service Business, 2018, 12 (2): 357-377.

[148] Huang Y, Hui S, Inman J, et al. Capturing the "first moment of truth": Understanding point-of-purchase drivers of unplanned consideration and purchase. Journal of Marketing Research, 2012: 77-89.

[149] Huetten A S J, Antons D, F Breidbach C, et al. The impact of occupational stereotypes in human-centered service systems. Journal of Service Management, 2019, 30 (1): 132-155.

[150] Hung K, Peng N, Chen A. Incorporating on-site activity involvement and sense of belonging into the Mehrabian-Russell model-The experiential value of cultural tourism destinations. Tourism Management Perspectives, 2019, 30: 43-52.

[151] Hur W, Ahn K, Kim M. Building brand loyalty through managing brand community commitment. Management Decision, 2011, 49 (7): 1194-1213.

[152] Ibidunni A S, Olokundun A M, Ibidunni O M, et al. Data on customer perceptions on the role of celebrity endorsement on brand preference. Data in brief, 2018, 18: 1107-1110.

[153] Iglesias O, Singh J J, Batista-Foguet J M. The role of brand experience and affective commitment in determining brand loyalty. Journal of Brand Management, 2011, 18 (8): 570-582.

[154] Itani O S, Jaramillo F, Paesbrugghe B. Between a rock and a hard place: Seizing the opportunity of demanding customers by means of frontline service behaviors. Journal of Retailing and Consumer Services, 2020, 53: 101-109.

[155] Jacoby J. Consumer Research: How valid and useful are all our consumer behavior research findings? A State of the Art Review1. Journal of marketing, 1978, 42 (2): 87-96.

[156] Jacoby J, Chestnut R W, Fisher W A. A behavioral process approach to information acquisition in nondurable purchasing. Journal of marketing research, 1978, 15 (4): 532-544.

[157] Jamal A, Goode M M. Consumers and brands: a study of the impact of self-image congruence on brand preference and satisfaction. Marketing Intelligence & Planning, 2001, 19 (7): 482-492.

[158] Jamal A, Goode M. Consumers' product evaluation: a study of the primary evaluative criteria in the precious jewellery market in the UK. Journal of Consumer Behaviour, 2010, 1 (2): 140-155.

[159] Jang H, Olfman L, Ko I, et al. The influence of on-line brand community characteristics on community commitment and brand loyalty. International Journal of Electronic Commerce, 2008, 12 (3): 57-80.

[160] Java R G, Lewison D, Hult G T M, et al. The service encounter in a multi - national context. Journal of Services Marketing, 2015, 21 (6): 451-461.

[161] Jayawardhena C, Souchon A L, Farrell A M, et al. Outcomes of service encounter quality in a business-to-business context. Industrial marketing management, 2007, 36 (5): 575-588.

[162] Jiménez-Barreto J, Rubio N, Campo S. Destination brand authenticity: What an experiential simulacrum! A multigroup analysis of its antecedents and outcomes through official online platforms. Tourism Management, 2020, 77: 104-112.

[163] Jin C H. The effects of creating shared value (CSV) on the consumer self-brand connection: Perspective of sustainable development. Corporate Social Responsibility and Environmental Management, 2018, 25 (6): 1246-1257.

[164] Joshi B H, Waghela R, Patel K T. An Analysis of Shoppers Satisfaction level with Shopping Experience in the Shopping Malls. International Journal of Multidisciplinary Approach & Studies, 2015, 2 (3): 386-397.

[165] Kang S K. Place Attachment, Image, and Support for Marijuana Tourism in Colorado. SAGE Open, 2019, 9 (2): 147-159.

[166] Karadeniz M. the effects of advertisements on the consumers' brand preference of white goods. Marmara University Journal of Economic & Administrative Sciences, 2013, 34 (1): 281-295.

[167] Keating B W, McColl-Kennedy J R, Solnet D. Theorizing beyond the horizon: service research in 2050. Journal of Service Management, 2018, 29 (5): 766-775.

[168] Keller K L. Conceptualizing, measuring, and managing customer-based brand equity. Journal of marketing, 1993, 57 (1): 1-22.

[169] Keller K L. Building customer-based brand equity: A blueprint for creating strong brands: Marketing Science Institute Cambridge, MA, 2001: 64-75.

[170] Keller K L. Editorial: Brand research imperatives. Journal of Brand Management, 2001, 9 (1): 4-6.

[171] Keller K L. Brand synthesis: The multidimensionality of brand knowledge. Journal of consumer research, 2003, 29 (4): 595-600.

[172] Keng C, Huang T, Zheng L, et al. Modeling service encounters and customer experiential value in retailing: An empirical investigation of shopping mall customers in Taiwan. International Journal of Service Industry Management, 2007, 18 (4): 349-367.

[173] Khajeheian D, Ebrahimi P. Media branding and value co-creation: effect of user participation in social media of newsmedia on attitudinal and behavioural loyalty. European Journal of International Management, 2020: 70-76.

[174] Kilian T, Steinmann S, Hammes E. Oh my gosh, I got to get out of this place! A qualitative study of vicarious embarrassment in service encounters. Psychology & Marketing, 2018, 35 (1): 79-95.

[175] Kim Jean Lee S, Yu K. Corporate culture and organizational performance. Journal of managerial psychology, 2004, 19 (4): 340-359.

[176] Kim H, Woo E, Uysal M. Tourism experience and quality of life among elderly tourists. Tourism management, 2015, 46: 465-476.

[177] Kim J. The antecedents of memorable tourism experiences: The development of a scale to measure the destination attributes associated with memorable experiences. Tourism management, 2014, 44: 34-45.

[178] Kim J, Morris J D, Swait J. Antecedents of true brand loyalty. Journal of Advertising, 2008, 37 (2): 99-117.

[179] Kim M, Stepchenkova S. Examining the impact of experiential value on emotions, self-connective attachment, and brand loyalty in Korean family restaurants. Journal of Quality Assurance in Hospitality & Tourism, 2018, 19 (3): 298-321.

[180] Kim N, Lee M. Other customers in a service encounter: examining the effect in a restaurant setting. Journal of Services Marketing, 2012, 26 (1), 27-40.

[181] Kline R B. Software review: Software programs for structural equation modeling: Amos, EQS, and LISREL. Journal of psychoeducational assessment, 1998, 16 (4): 343-364.

[182] Kotler P, Leong S M, Ang S H, et al. In marketing management an Asia perspection. Simon & Scjuster (Asia) pte. Led, 1996: 146-158.

[183] Kotler P, Gertner D. Country as brand, product, and beyond: A place marketing and brand management perspective. Journal of brand management, 2002, 9 (4): 249-261.

[184] Kotler P, Scheff J. Standing room only: Strategies for marketing the performing arts: Harvard Business School Press, 1997: 80-91.

[185] Kozak M. Comparative analysis of tourist motivations by nationality and destinations. Tourism management, 2002, 23 (3): 221-232.

[186] Krawczyk M, Xiang Z. Perceptual mapping of hotel brands using online reviews: a text analytics approach. Information Technology & Tourism, 2016, 16 (1): 23-43.

[187] Kronrod A, Huber J. Ad wearout wearout: How time can reverse the negative effect of frequent advertising repetition on brand preference. International Journal of Research in Marketing, 2018, 36 (2): 306-324.

[188] Kuamar V, Singhal S, Kamboj G. A study of brand recall and the effects of various advertising appeals used in the TV advertisements of the FMCG brands of HUL. Abhigyan, 2013, 31 (1): 62-75.

[189] Kuo Y, Feng L. Relationships among community interaction characteristics, perceived benefits, community commitment, and oppositional brand loyalty in online brand communities. International Journal of Information Management, 2013, 33 (6): 948-962.

[190] Kushwaha G S, Kaushal M. E-Satisfaction and E-Loyalty: Two Main Consequences of Online Buying Attributes Global Branding: Breakthroughs in Research and Practice, 2020, 6 (4): 36-53.

[191] Labrecque L I. Fostering consumer-brand relationships in social media environments: The role of

parasocial interaction. Journal of Interactive Marketing, 2014, 28 (2): 134-148.

[192] Langeard E. Services marketing: new insights from consumers and managers: na, 1981: 99-100.

[193] Lau G T, Lee S H. Consumers' Trust in a Brand and the Link to Brand Loyalty. Journal of Market-Focused Management, 1999, 4 (4): 341-370.

[194] Lee D. Strategies for technology-driven service encounters for patient experience satisfaction in hospitals. Technological Forecasting and Social Change, 2018, 137: 118-127.

[195] Lee D, Moon J, Kim Y J, et al. Antecedents and consequences of mobile phone usability: Linking simplicity and interactivity to satisfaction, trust, and brand loyalty. Information & Management, 2015, 52 (3): 295-304.

[196] Lee H L, Padmanabhan V, Whang S. Information distortion in a supply chain: the bullwhip effect. Management science, 50 (12_supplement), 2004: 1875-1886.

[197] Liljander V, Mattsson J. Impact of customer preconsumption mood on the evaluation of employee behavior in service encounters. Psychology & Marketing, 2010, 19 (10): 837-860.

[198] Lim, Yen C Y. The social construction of the 'development gap': time, technology and the writing of difference. Cheminform, 1997, 45 (28): 407-410.

[199] Lin I Y, Mattila A S. Restaurant servicescape, service encounter, and perceived congruency on customers' emotions and satisfaction. Journal of hospitality marketing & management, 2010, 19 (8): 819-841.

[200] Lin J C, Lin C. What makes service employees and customers smile: Antecedents and consequences of the employees' affective delivery in the service encounter. Journal of Service Management, 2011, 22 (2): 183-201.

[201] Lin Y H. Innovative brand experience's influence on brand equity and brand satisfaction. Journal of Business Research, 2015, 68 (11): 2254-2259.

[202] Liu M T, Liu Y, Zhang L L. Vlog and brand evaluations: the influence of parasocial interaction. Asia Pacific Journal of Marketing and Logistics, 2019, 31 (2): 419-436.

[203] Liu M W, Zhang L, Keh H T. Consumer responses to high service attentiveness: a cross-cultural examination. Journal of International Marketing, 2019, 27 (1): 56-73.

[204] Liu S Q, Mattila A S. Apple Pay: Coolness and embarrassment in the service encounter. International Journal of Hospitality Management, 2019, 78: 268-275.

[205] Liu Y, Teichert T, Rossi M, et al. Big data for big insights: Investigating language-specific drivers of hotel satisfaction with 412,784 user-generated reviews. Tourism Management, 2017, 59: 554-563.

[206] Liu Y, Jang S S. The effects of dining atmospherics: An extended Mehrabian-Russell model. International journal of hospitality management, 2009, 28 (4): 494-503.

[207] Liu Z, Song W, Liu D, et al. Exploring brand preference and its spatial patterns in the Chinese automobile market. Journal of Spatial Science, 2018, 63 (2): 399-417.

[208] Lo Shuk Ting D. The theme park experience: its nature, antecedents and consequences. The Hong Kong Polytechnic University, School of Hotel and Tourism Management, thesis, 2007: 198-210.

[209] Lockwood A. Using service incidents to identify quality improvement points. International Journal of Contemporary Hospitality Management, 1994, 6 (1): 75-80.

[210] Lofman B. Elements of experiential consumption: an exploratory study. ACR North American Advances, 1991: 341-354.

[211] Lovelock C H, Yip G S. Developing Global Strategies for Service Businesses. California Management

Review, 1996, 38 (2): 64-86.

[212] Lovelock C, Gummesson E. Whither services marketing? In search of a new paradigm and fresh perspectives. Journal of service research, 2004, 7 (1): 20-41.

[213] Luoh H, Tsaur S. Physical attractiveness stereotypes and service quality in customer-server encounters. The Service Industries Journal, 2009, 29 (8): 1093-1104.

[214] Ma J, Leung Y T, Kamath M. Service system design under information uncertainty: Insights from an M/G/1 model. Service Science, 2019, 11 (1): 40-56.

[215] Madupu V. Online brand community participation: Antecedents and consequences. The University of Memphis, 2006: 214-226.

[216] Maglio P P, Kieliszewski C A, Spohrer J C, et al. Handbook of service science. Springer International Publishing, 2010: 152-164.

[217] Makarem S C, Mudambi S M, Podoshen J S. Satisfaction in technology-enabled service encounters. Journal of Services Marketing, 2009, 23 (3): 134-144.

[218] Mandrik C, Bao Y, Wang S. A cross-national study of intergenerational influence: US and PRC. Journal of Consumer Marketing, 2018, 35 (1): 91-104.

[219] Mano H, Oliver R L. Assessing the dimensionality and structure of the consumption experience: evaluation, feeling, and satisfaction. Journal of Consumer research, 1993, 20 (3): 451-466.

[220] Mariani M M, Borghi M, Kazakov S. The role of language in the online evaluation of hospitality service encounters: an empirical study. International Journal of Hospitality Management, 2019, 78: 50-58.

[221] Martin C L, Adams, S. Behavioral biases in the service encounter: empowerment by default? Marketing Intelligence & Planning, 1999, 17 (4): 192-201.

[222] Mathis E F, Kim H L, Uysal M, et al. The effect of co-creation experience on outcome variable. Annals of tourism research, 2016, 57: 62-75.

[223] Mathwick C, Malhotra N K, Rigdon E. The effect of dynamic retail experiences on experiential perceptions of value: an Internet and catalog comparison. Journal of retailing, 2020, 78 (1): 51-60.

[224] Mathwick C, Malhotra N, Rigdon E. Experiential value: conceptualization, measurement and application in the catalog and Internet shopping environment. Journal of retailing, 2001, 77 (1): 39-56.

[225] Mattila A S, Enz C A. The role of emotions in service encounters. Journal of Service research, 2002, 4 (4): 268-277.

[226] Mattila A S, Wirtz J. Congruency of scent and music as a driver of in-store evaluations and behavior. Journal of retailing, 2001, 77 (2): 273-289.

[227] Mattsson J. Learning how to manage technology in services internationalisation. Service Industries Journal, 2000, 20 (1): 22-39.

[228] McCallum J R, Harrison W. Interdependence in the service encounter. The service encounter: Managing employee/customer interaction in service businesses, 1985, 18 (4): 35-48.

[229] Mehrabian A, Russell J A. A verbal measure of information rate for studies in environmental psychology. Environment & Behavior, 1974, (2): 233-252.

[230] Mele C, Russo Spena T, Colurcio M. Co-creating value innovation through resource integration. International Journal of Quality and Service Sciences, 2010, 2 (1): 60-78.

[231] Melia M, Caridà A. Designing In-Store Atmosphere for a Holistic Customer Experience Handbook of Research on Retailing Techniques for Optimal Consumer Engagement and Experiences, 2020: 142-161.

[232] Meuter M L. Self-Service Technologies: Understanding Customer Satisfaction with Technology-Based Service Encounters .Journal of marketing, 2000, 64 (3): 50-64.

[233] Meuter M L, Bitner M J, Ostrom A L, et al. Choosing among alternative service delivery modes: An investigation of customer trial of self-service technologies. Journal of marketing, 2005, 69 (2): 61-83.

[234] Meuter M L, Ostrom A L, Roundtree R I, et al. Self-service technologies: understanding customer satisfaction with technology-based service encounters. Journal of marketing, 2000, 64 (3): 50-64.

[235] Mody M, Hanks L, Dogru T. Parallel pathways to brand loyalty: Mapping the consequences of authentic consumption experiences for hotels and Airbnb. Tourism Management, 2019, 74: 65-80.

[236] Mondada L. Greetings as a device to find out and establish the language of service encounters in multilingual settings. Journal of Pragmatics, 2018, 126: 10-28.

[237] Monroe K R, Downs A. The economic approach to politics: A critical reassessment of the theory of rational action. New York: Addison-Wesley, 1991: 101-114.

[238] Moreo A, Woods R, Sammons G, et al. Connection or competence: Emotional labor and service quality's impact on satisfaction and loyalty. International Journal of Contemporary Hospitality Management, 2019, 31 (1): 330-348.

[239] Morgan R E, Chadha S. Relationship Marketing at the Service Encounter: the Case of Life Insurance. The Service Industries Journal, 1993, 13 (1): 112-125.

[240] Morgan R M, Hunt S D. The commitment-trust theory of relationship marketing. Journal of marketing, 1994, 58 (3): 20-38.

[241] Mukucha P, Rootman C, Mazibuko N E. Service encounter experience antecedents and outcomes in the Zimbabwean restaurant industry. Journal of Contemporary Management, 2019, 16 (2): 513-537.

[242] Muniz A M, O'Guinn T C. Brand community. Journal of consumer research, 2001, 27 (4): 412-432.

[243] Muslim A, Harun A, Ismael D, et al. Social media experience, attitude and behavioral intention towards umrah package among generation X and Y. Management Science Letters, 2020, 10 (1): 1-12.

[244] Nam J, Ekinci Y, Whyatt G. Brand equity, brand loyalty and consumer satisfaction. Annals of tourism Research, 2011, 38 (3): 1009-1030.

[245] Nasr L, Burton J, Gruber T. Developing a deeper understanding of positive customer feedback. Journal of Services Marketing, 2018, 32 (2): 142-160.

[246] Neslin S A, Jerath K, Bodapati A, et al. The interrelationships between brand and channel choice. Marketing Letters, 2014, 25 (3): 319-330.

[247] Newman J W, Werbel R A. Multivariate analysis of brand loyalty for major household appliances. Journal of marketing research, 1973, 10 (4): 404-409.

[248] Norman D A, Draper S W. User centered system design: New perspectives on human-computer interaction: CRC Press, 1986: 42-53.

[249] Novak T P, Hoffman D L, Yung Y. Measuring the customer experience in online environments: A structural modeling approach. Marketing science, 2000, 19 (1): 22-42.

[250] Nunnally J C. Psychometric theory 3E. Tata McGraw-Hill Education, 1994: 121-132.

[251] Oliver R L. Whence consumer loyalty? Journal of marketing, 1999, 63 (4): 33-44.

[252] Oliver R L, Rust R T, Varki S. Customer delight: foundations, findings, and managerial insight. Journal of Retailing, 1997, 73 (3): 311-336.

[253] O'Loughlin D, Szmigin I. Emerging perspectives on customer relationships, interactions and loyalty in

Irish retail financial services. Journal of Consumer Behaviour, 2010, 5 (2): 117-129.

[254] Osarenkhoe A, Byarugaba J M, Birungi M K, et al. Technology-Based Service Encounter—A Study of the Use of E-Mail as a Booking Tool in Hotels. Journal of Service Science and Management, 2014, 7 (6): 419-432.

[255] Overby J W, Lee E. The effects of utilitarian and hedonic online shopping value on consumer preference and intentions. Journal of Business research, 2006, 10 (59): 1160-1166.

[256] Parasuraman A, Grewal D. The impact of technology on the quality-value-loyalty chain: a research agenda. Journal of the academy of marketing science, 2000, 28 (1): 168-174.

[257] Park S. Relationships between involvement and attitudinal loyalty constructs in adult fitness programs. Journal of leisure research, 1996, 28 (4): 233-250.

[258] Patterson P G, Mattila A S. An examination of the impact of cultural orientation and familiarity in service encounter evaluations. International Journal of Service Industry Management, 2008, 19 (5): 662-681.

[259] Patterson P G, Smith T. Modeling relationship strength across service types in an Eastern culture. International Journal of Service Industry Management, 2001, 12 (2): 90-113.

[260] Paulin M, Ferguson R J, Payaud M. Business effectiveness and professional service personnel Relational or transactional managers? Post-Print, 2000, 34 (3/4): 453-472.

[261] Payne S C, Webber S S. Effects of service provider attitudes and employment status on citizenship behaviors and customers' attitudes and loyalty behavior. Journal of applied psychology, 2006, 91 (2): 365.

[262] Pine B J, Gilmore J H. Welcome to the experience economy. Harvard business review, 1998, 76: 97-105.

[263] Plumeyer A, Kottemann P, Böger D, et al. Measuring brand image: a systematic review, practical guidance, and future research directions. Review of Managerial Science, 2017, 13 (2): 227-265.

[264] Prahalad C K, Ramaswamy V. Co-creation experiences: The next practice in value creation. Journal of Interactive Marketing, 2010, 18 (3): 5 -14.

[265] Prayag G, Lee C. Tourist motivation and place attachment: the mediating effects of service interactions with hotel employees. Journal of Travel & Tourism Marketing, 2019, 36 (1): 90-106.

[266] Pugh S D. Service with a smile: Emotional contagion in the service encounter. Academy of management journal, 2001, 44 (5): 1018-1027.

[267] Quan N, Chi N, Nhung D, et al. The influence of website brand equity, e-brand experience on e-loyalty: The mediating role of e-satisfaction. Management Science Letters, 2020, 10 (1): 63-76.

[268] Rahayu F. Mengelola Interaction Behavior Untuk Meningkatkan Service Encounter Satisfaction. Media Riset Bisnis & Manajemen, 2019, 18 (2): 88-99.

[269] Raj S P. Striking a balance between brand "popularity" and brand loyalty. Journal of marketing, 1985, 49 (1): 53-59.

[270] Ramadan R, Aita J. A model of mobile payment usage among Arab consumers. International Journal of Bank Marketing, 2018, 36 (7): 1213-1234.

[271] Ravald A, Grönroos C. The value concept and relationship marketing. European journal of marketing, 1996, 30 (2): 19-30.

[272] Reynolds T J, Gutman J. Advertising is image management. Journal of advertising research, 1984, 24 (1): 27-37.

[273] Ribeiro M A, Pinto P, Silva J A, et al. Residents' attitudes and the adoption of pro-tourism behaviours: The case of developing island countries. Tourism Management, 2017, 61: 523-537.

[274] Robertson N, Shaw R N. Conceptualizing the influence of the self-service technology context on consumer voice. Services Marketing Quarterly, 2006, 27 (2): 33-50.

[275] Röding T, Nimmermann F, Steinmann S, et al. The influence of technology infusion on customers' information disclosure behaviour within the frontline service encounter. The International Review of Retail, Distribution and Consumer Research, 2019, 29 (5): 482-503.

[276] Rokonuzzaman M, Harun A, Al-Emran M, et al. An investigation into the link between consumer's product involvement and store loyalty: The roles of shopping value goals and information search as the mediating factors. Journal of Retailing and Consumer Services, 2020, 52: 101-114.

[277] Romeo J R, Dodds W B. The effects of brand quality and price on the evaluation of brand extensions. In Proceedings of the 1996 Academy of Marketing Science (AMS) Annual Conference, Springer, Cham, 2015: 282-288.

[278] Ross F. Co-creation via digital fashion technology in new business models for premium product innovation: Case-studies in menswear and womenswear adaptation. In Sustainable Business: Concepts, Methodologies, Tools, and Applications, IGI Global 2020: 1147-1172.

[279] Rubinson J, Baldinger A. Brand loyalty: the link between attitude and behaviour. Journal of Advertising Research, 1996, 36 (6): 22-35.

[280] Russell-Bennett R, McColl-Kennedy J R, Coote L V. Involvement, satisfaction, and brand loyalty in a small business services setting. Journal of Business Research, 2007, 60 (12): 1253-1260.

[281] Sääksjärvi M, Samiee S. Relationships among Brand Identity, Brand Image and Brand Preference: Differences between Cyber and Extension Retail Brands over Time. Journal of Interactive Marketing, 2011, 25 (3): 169-177.

[282] Sarkar A, Sarkar J G, Bhatt G. Store love in single brand retailing: the roles of relevant moderators. Marketing Intelligence & Planning, 2019: 212-223.

[283] Schmitt B. Experiential marketing. Journal of marketing management, 1999, 15 (1-3): 53-67.

[284] Seck A M, Philippe J. Service encounter in multi-channel distribution context: virtual and face-to-face interactions and consumer satisfaction. The Service Industries Journal, 2013, 33 (6): 565-579.

[285] Seger-Guttmann T. Customers' irrational beliefs: Scale development and validation. Journal of Retailing and Consumer Services, 2019, 49: 54-66.

[286] Sha Y, Allenby G M, Fennell G. Modeling Variation in Brand Preference: The Roles of Objective Environment and Motivating Conditions. Marketing Science, 2002, 21 (1): 14-31.

[287] Shamdasani P N, Balakrishnan A A. Determinants of Relationship Quality and Loyalty in Personalized Services. Asia Pacific Journal of Management, 2000, 17 (3) 399-422.

[288] Shamsher R, Chowdhury R A. Relationship of demographic characteristics with purchasing decision involvement: a study on FMCG laundry soaps. Journal of Business & Retail Management Research, 2012, 6 (2): 78-89.

[289] Shang R, Chen Y, Liao H. The value of participation in virtual consumer communities on brand loyalty. Internet research, 2006, 16 (4): 398-418.

[290] Sharma P, Tam J, Wu Z. Challenges and opportunities for services marketers in a culturally diverse global marketplace. Journal of Services Marketing, 2018, 32 (5): 521-529.

[291] Sherman E, Mathur A, Smith R B. Store environment and consumer purchase behavior: mediating role of consumer emotions. Psychology & Marketing, 1997, 14 (4): 361-378.

[292] Sheth J N, Newman B I, Gross B L. Why we buy what we buy: A theory of consumption values. Journal of business research, 1991, 22 (2): 159-170.

[293] Sheth J, Koschmann A. Do brands compete or coexist? How persistence of brand loyalty segments the market. European Journal of Marketing, 2019, 53 (1): 2-19.

[294] Shostack G L. Planning the service encounter. The service encounter, 1985: 243-254.

[295] Shu S, Strombeck S. Cometh self-image congruence: a cross-cultural study. Asia Pacific Journal of Marketing and Logistics, 2017, 29 (3): 538-552.

[296] Shukla P, Banerjee M, Singh J. Customer commitment to luxury brands: Antecedents and consequences. Journal of Business Research, 2016, 69 (1): 323-331.

[297] Sichtmann C, Micevski M. Attributions of service quality: immigrant customers' perspective. Journal of Services Marketing, 2018, 32 (5): 559-569.

[298] Simpson J A, Griskevicius V, Rothman A J. Consumer decisions in relationships. Journal of Consumer Psychology, 2012, 22 (3): 304-314.

[299] Singh Gaur S, Xu Y, Quazi A, et al. Relational impact of service providers' interaction behavior in healthcare. Managing Service Quality: An International Journal, 2011, 21 (1): 67-87.

[300] Singh N, Sinha N. How perceived trust mediates merchant's intention to use a mobile wallet technology. Journal of Retailing and Consumer Services, 2020, 52: 101-113.

[301] Sirgy M J, Grewal D, Mangleburg T F, et al. Assessing the predictive validity of two methods of measuring self-image congruence. Journal of the Academy of Marketing Science, 1997, 25 (3): 229-241.

[302] Snellman K, Vihtkari T. Customer complaining behaviour in technology-based service encounters. International Journal of Service Industry Management, 2003, 14 (2): 217-231.

[303] Söderlund M. The proactive employee on the floor of the store and the impact on customer satisfaction. Journal of Retailing and Consumer Services, 2018, 43: 46-53.

[304] Söderlund M. Employee encouragement of self-disclosure in the service encounter and its impact on customer satisfaction. Journal of Retailing and Consumer Services, 2020, 53: 102-112.

[305] Söderlund M, Liljander V, Gummerus J, et al. Preferential treatment in the service encounter. Journal of Service Management, 2014, 25 (4): 512-530.

[306] Söderlund M, Rosengren S. The happy versus unhappy service worker in the service encounter:Assessing the impact on customer satisfaction. Journal of Retailing & Consumer Services, 2010, 17 (2): 169-183.

[307] Solomon M R, Surprenant C, Czepiel J A, et al. 4A Role Theory Perspective on Dyadic Interactions: The Service Encounter. Journal of Marketing, 1985, 49 (1): 99-111.

[308] Song H, Wang J, Han H. Effect of image, satisfaction, trust, love, and respect on loyalty formation for name-brand coffee shops. International Journal of Hospitality Management, 2019, 79: 50-59.

[309] Sørensen F, Jensen J F. Experience innovation of tourism encounters. Tourism Analysis, 2019, 24 (1): 55-67.

[310] Soupis C A. Moments of truth. Admit Manage J, 1989, 14 (4): 19-31.

[311] Soutar G N. Consumer perceived value: The development of a multiple item scale. Journal of Retailing, 2001, 77 (2): 203-220.

[312] Southworth S S, Ha-Brookshire J. The impact of cultural authenticity on brand uniqueness and willingness to try: the case of Chinese brands and U.S. consumers. Asia Pacific Journal of Marketing & Logistics, 2016, 28 (4): 724-742.

[313] Spiteri J M, Dion P A. Customer value, overall satisfaction, end-user loyalty, and market performance in detail intensive industries. Industrial marketing management, 2004, 33 (8): 675-687.

[314] Spott D E, Szellar S, Spangenberg E R. Brand-extended Self-construal. Groupe HEC, 2006: 232-243.

[315] Stuart E W, Shimp T A, Engle R W. Classical conditioning of consumer attitudes: Four experiments in an advertising context. Journal of consumer research, 1987, 14 (3): 334-349.

[316] Sung Y, Campbell W K. Brand commitment in consumer-brand relationships: An investment model approach. Journal of Brand Management, 2009, 17 (2): 97-113.

[317] Surprenant C F, Solomon M R. Predictability and Personalization in the Service Encounter. Journal of Marketing, 1987, 51 (2): 86-96.

[318] Sweeney J C, Webb D. Relationship benefits: An exploration of buyer-supplier dyads. Journal of Relationship Marketing, 2002, 1 (2): 77-91.

[319] Taillon B J, Huhmann B A. Strategic consequences of self-service technology evaluations. Journal of Strategic Marketing, 2019, 27 (3): 268-279.

[320] Takatalo J, Nyman G, Laaksonen L. Components of human experience in virtual environments. Computers in Human Behavior, 2008, 24 (1): 1-15.

[321] Taylor S, DiPietro R B, So K K F. Increasing experiential value and relationship quality: An investigation of pop-up dining experiences. International Journal of Hospitality Management, 2018, 74: 45-56.

[322] Telang R, Wattal S. Impact of software vulnerability announcements on the market value of software vendors-an empirical investigation. Available at SSRN 677427, 2005: 677-689.

[323] Teoh C W, Gaur S S. Environmental concern: an issue for poor or rich. Management of Environmental Quality: An International Journal, 2019, 30 (1): 227-242.

[324] Tingchi Liu M, Anthony Wong I, Shi G, et al. The impact of corporate social responsibility (CSR) performance and perceived brand quality on customer-based brand preference. Journal of Services Marketing, 2014, 28 (3): 181-194.

[325] Torres E N, Wei W, Hua N, et al. Customer emotions minute by minute: How guests experience different emotions within the same service environment. International Journal of Hospitality Management, 2019, 77: 128-138.

[326] Torres E N, Kline S. From satisfaction to delight: a model for the hotel industry. International Journal of contemporary hospitality management, 2006, 18 (4): 290-301.

[327] Tsakona V, Sifianou M. Vocatives in service encounters: evidence from Greek. Acta Linguistica Hafniensia, 2019: 1-30.

[328] Tucker W T. The development of brand loyalty. Journal of Marketing research, 1964, 1 (3): 32-35.

[329] Turley L W, Milliman R E. Atmospheric effects on shopping behavior: a review of the experimental evidence. Journal of business research, 2000, 49 (2): 193-211.

[330] Tuškej U, Podnar K. Exploring selected antecedents of consumer-brand identification: The nature of consumer's interactions with product brands. Baltic Journal of Management, 2018, 13 (4): 451-470.

[331] Tynan C, McKechnie S. Hedonic meaning creation though Christmas consumption: a review and model. Journal of Customer Behaviour, 2009, 8 (3): 237-255.

[332] Udo G J, Bagchi K K, Kirs P J. Using SERVQUAL to assess the quality of e-learning experience. Computers in Human Behavior, 2011, 27 (3): 1272-1283.

[333] Van Dolen W M, Dabholkar P A, De Ruyter K. Satisfaction with online commercial group chat: the

influence of perceived technology attributes, chat group characteristics, and advisor communication style. Journal of retailing, 2007, 83 (3): 339-358.

[334] Van Dolen W M, De Ruyter K, Streukens S. The effect of humor in electronic service encounters. Journal of Economic Psychology, 2008, 29 (2): 160-179.

[335] Van Dolen W, Lemmink J, De Ruyter K, et al. Customer-sales employee encounters: a dyadic perspective. Journal of Retailing, 2002, 78 (4): 265-279.

[336] Van Prooijen J, Van den Bos K, Wilke H A. Procedural justice and status: Status salience as antecedent of procedural fairness effects. Journal of Personality and Social Psychology, 2002, 83 (6): 135-147.

[337] Vargo S L, Lusch R F. Evolving to a new dominant logic for marketing. Journal of marketing, 2004, 68 (1): 1-17.

[338] Vargo S L, Lusch R F. From repeat patronage to value co-creation in service ecosystems: a transcending conceptualization of relationship. Journal of Business Market Management, 2010, 4 (4): 169-179.

[339] Vargo S L, Lusch R F. Institutions and axioms: an extension and update of service-dominant logic. Journal of the Academy of marketing Science, 2016, 44 (1): 5-23.

[340] Vera J, Trujillo A. Searching most influential variables to brand loyalty measurements: An exploratory study. Contaduría y administración, 2017, 62 (2): 600-624.

[341] Victorino L, Verma R, Wardell D G. Script Usage in Standardized and Customized Service Encounters: Implications for Perceived Service Quality. Production & Operations Management, 2013, 22 (3): 518-534.

[342] Voelkl J E, Ellis G D. Measuring flow experiences in daily life: An examination of the items used to measure challenge and skill. Journal of Leisure Research, 1998, 30 (3): 380-389.

[343] Vos M C, Sauren J, Knoop O, et al. Into the light: effects of the presence of cleaning staff on customer experience. Facilities, 2019, 37 (1/2): 91-102.

[344] Wägar K, Lindqvist L. The role of the customer contact person's age in service encounters. Journal of Services Marketing, 2010, 24 (7): 509-517.

[345] Walker R H, Craig-Lees M, Hecker R, et al. Technology-enabled service delivery: An investigation of reasons affecting customer adoption and rejection. International Journal of service Industry management, 2002, 13 (1): 91-106.

[346] Walker R H, Johnson L W. Why consumers use and do not use technology-enabled services. Journal of services Marketing, 2006, 20 (2): 125-135.

[347] Walls A R, Ijhm J. A cross-sectional examination of hotel consumer experience and relative effects on consumer values. International Journal of Hospitality Management, 2013, 32 (1): 179-192.

[348] Wang Y, Wu L, Xie K, et al. Staying with the ingroup or outgroup? A cross-country examination of international travelers' home-sharing preferences. International Journal of Hospitality Management, 2019, 77: 425-437.

[349] Wang Z, Singh S N, Li Y J, et al. Effects of employees' positive affective displays on customer loyalty intentions: An emotions-as-social-information perspective. Academy of Management Journal, 2017, 60 (1): 109-129.

[350] Williams J, MacKinnon D P. Resampling and distribution of the product methods for testing indirect effects in complex models. Structural equation modeling: a multidisciplinary journal, 2008, 15 (1): 23-51.

[351] Winsted K F. Service behaviors that lead to satisfied customers. European Journal of Marketing, 2002, 34 (3/4): 399-417.

[352] Woodruff R B. Customer value: the next source for competitive advantage. Journal of the academy of marketing science, 1997, 25 (2): 139-142.

[353] Wu C H. The impact of customer-to-customer interaction and customer homogeneity on customer satisfaction in tourism service—the service encounter prospective. Tourism Management, 2007, 28 (6): 1518-1528.

[354] Wu C H, Liang R. Effect of experiential value on customer satisfaction with service encounters in luxury-hotel restaurants. International Journal of Hospitality Management, 2009, 28 (4): 586-593.

[355] Wu H, Li M, Li T. A study of experiential quality, experiential value, experiential satisfaction, theme park image, and revisit intention. Journal of Hospitality & Tourism Research, 2018, 42 (1): 26-73.

[356] Wu H, Cheng C. Relationships between experiential risk, experiential benefits, experiential evaluation, experiential co-creation, experiential relationship quality, and future experiential intentions to travel with pets. Journal of Vacation Marketing, 2020, 26 (1): 108-129.

[357] Wünderlich N V, Hogreve J. Configuring Customer Touchpoints: A Fuzzy-Set Analysis of Service Encounter Satisfaction. SMR-Journal of Service Management Research, 2019, 3 (1): 3-11.

[358] Wymer W, Casidy R. Exploring brand strength's nomological net and its dimensional dynamics. Journal of Retailing and Consumer Services, 2019, 49: 11-22.

[359] Yani-de-Soriano M, Hanel P H, Vazquez-Carrasco R, et al. Investigating the role of customers' perceptions of employee effort and justice in service recovery: A cross-cultural perspective. European Journal of Marketing, 2019, 53 (4): 708-732.

[360] Yi Y, Jeon H. Effects of loyalty programs on value perception, program loyalty, and brand loyalty. Journal of the academy of marketing science, 2003, 31 (3): 229-240.

[361] Yoo B, Donthu N. Developing and validating a multidimensional consumer-based brand equity scale. Journal of business research, 2001, 52 (1): 1-14.

[362] Yoo J J, Arnold T J, Frankwick G L. Effects of positive customer-to-customer service interaction. Journal of Business Research, 2012, 65 (9): 1313-1320.

[363] Yu Y, Dean A. The contribution of emotional satisfaction to consumer loyalty. International journal of service industry management, 2001, 12 (3): 234-250.

[364] Yuan Y E, Wu C K. Relationships among experiential marketing, experiential value, and customer satisfaction. Journal of Hospitality & Tourism Research, 2008, 32 (3): 387-410.

[365] Zarei G, Mahmoodi Pachal Z. Examining the effect of brand equity dimensions on domestic tourists' length of stay in Sareyn: the mediating role of brand equity. Asia Pacific Journal of Tourism Research, 2019: 1-18.

[366] Zeithaml V A, Bitner M J, et al. Services marketing : integrating customer focus across the firm. 2008: 68-79.

[367] Zeithaml V A. Consumer perceptions of price, quality, and value: a means-end model and synthesis of evidence. Journal of marketing, 1988, 52 (3): 2-22.

[368] Zeithaml V A, Berry L L, Parasuraman A. The behavioral consequences of service quality. Journal of marketing, 1996, 60 (2): 31-46.

[369] Zeithaml V A, Bitner M J, Faranda, et al. Customer contributions and roles in service delivery. 1997, 45-57.

[370] Zhang H, Choi Y K. Preannouncement messages: impetus for electronic word-of-mouth. International Journal of Advertising, 2018, 37 (1): 54-70.

[371] Zhang H, Xu H. A structural model of liminal experience in tourism. Tourism Management, 2019, 71: 84-98.

[372] Zhang K Z, Benyoucef M, Zhao S J. Building brand loyalty in social commerce: The case of brand microblogs. Electronic Commerce Research and Applications, 2016, 15: 14-25.

[373] Zhang T, Zhang P, Lu L. Service encounter value and online engagement behaviors. International Journal of Hospitality Management, 2019: 102-113.

[374] Zhao Y, Yan L, Keh H T. The effects of employee behaviours on customer participation in the service encounter: The mediating role of customer emotions. European Journal of Marketing, 2018, 52 (5/6): 1203-1222.

[375] Zhou M, Wang F, Wang K. Destination Service Encounter Modeling and Relationships with Tourist Satisfaction. Sustainability, 2019, 11 (4): 960-971.

[376] 曾慧, 郝辽钢. 不同促销表述方式对顾客品牌忠诚的影响研究. 软科学, 2015, 5: 116-120.

[377] 陈国明, 彭文正. 传播研究方法. 上海: 复旦大学出版社, 2011: 41-53.

[378] 陈潇, 王鹏, 赵欢. 基于原产地视角的中国消费者本土体育品牌偏好及购买影响研究. 西安体育学院学报, 2016, 33 (6): 673-679.

[379] 陈小静. 基于购物网站的品牌体验对品牌忠诚影响的实证研究. 西安: 西安理工大学, 2018.

[380] 陈晓燕, 姚银燕. 以计算机为媒介的汉语服务接触语类研究. 西安外国语大学学报, 2015, 23 (2): 43-47.

[381] 김혜영, 연승호, 임상택. 의료관광 서비스접점별 품질평가에 관한 연구. 관광레저연구, 2019, 31 (2): 5-24.

[382] 从春红. 品牌体验对消费者品牌偏好的影响研究. 武汉: 武汉理工大学, 2015.

[383] 崔楠, 徐岚, 刘洪深. 文化资本与品牌偏好代际的关系. 经济管理, 2005, (2): 84-95.

[384] 单从文, 余明阳, 王良燕. 品牌延伸对消费者品牌忠诚的影响因素研究——基于品牌概念与品牌延伸架构. 现代管理科学, 2015, (10): 97-99.

[385] 单从文, 余明阳, 薛可. 品牌危机对消费者品牌体验价值的影响研究. 管理现代化, 2016, 36 (4): 86-88.

[386] 刁钢. 消费者购买行为对品牌偏好影响的多维博弈分析. 北京工商大学学报（自然科学版）, 2008, 26 (5): 66-70.

[387] 丁勇, 肖金川, 朱俊红. 社会化媒体对品牌偏好的影响研究：基于顾客感知价值的视角. 运筹与管理, 2017, 26 (6): 176-184.

[388] 董向东. 品牌拟人化对消费者品牌忠诚的影响机制研究. 无锡: 江南大学, 2018.

[389] 董雅丽, 陈怀超. 基于顾客忠诚的品牌资产提升模型. 软科学, 2006, 20 (6): 22-26.

[390] 范秀成. 从科学管理到服务管理：服务竞争时代的管理视角. 南开管理评论, 1999, (1): 4-7.

[391] 范秀成, 李建州. 顾客餐馆体验的实证研究. 旅游学刊, 2006, 21 (3): 56-61.

[392] 风笑天. 推动与引领：《社会学研究》三十年来的方法研究论文回顾. 社会学研究, 2016, (6): 49-72.

[393] 符国群, 佟学英. 品牌、价格和原产地如何影响消费者的购买选择. 管理科学学报, 2003, 6 (6): 79-84.

[394] 高振峰. 我国体育特色小镇品牌竞争力的培育机制研究. 体育与科学, 2019, (02): 47-53.

[395] 郭泰云, 杜德斌. 品牌契合, 消费者品牌价值创造与品牌价值——基于企业微信公众号的分析. 江西财经大学学报, 2018, (3): 6-13.

[396] 郭鹏, 李兵, 梁辉煌. 文化产品消费者购买行为影响的实证研究——以湖南文化产品品牌为例. 湖南社会科学, 2014, (5): 153-156.

[397] 郭帅, 银成钺, 苏晶蕾. 不同社会距离顾客对服务接触失败下补救措施的反应与偏好研究. 管理评

论，2017, 29 (12): 143-154.
[398] 韩炜. 基于顾客资源的体验式营销刍议. 科技管理研究，2007, 27 (6): 218-220.
[399] 韩小芸，田甜，孙本纶，等. 旅游虚拟社区成员"感知-认同-契合行为"模式的实证研究. 旅游学刊，2016, 31 (8): 61-70.
[400] 何佳讯. 我们如何怀念过去？中国文化背景下消费者怀旧倾向量表的开发与比较验证. 营销科学学报，2010, (10): 30-50.
[401] 何佳讯，吴漪，丁利剑，等. 文化认同，国货意识与中国城市市场细分战略——来自中国六城市的证据. 管理世界，2017, (7): 120-128.
[402] 何玲珠. B2C电商品牌识别，品牌形象与品牌偏好关系的实证研究. 广州：华南理工大学，2015.
[403] 贺和平，苏海云. "本地货"意识，品牌特性与消费者本地品牌偏好研究. 深圳大学学报（人文社会科学版），2012, 29 (6).
[404] 胡大立，谌飞龙，吴群. 品牌竞争力的生成及其贡献要素优势转化机制分析. 科技进步与对策，2005, 22 (7): 81-83.
[405] 胡君，杨林锋. 员工情绪表现结构维度及对感知服务质量影响初探. 管理评论，2012, 24 (1): 116-126.
[406] 黄嘉涛. 移动互联网环境下跨界营销对价值创造的影响. 管理学报，2017, 14 (7): 1052-1061.
[407] 黄勇，黄敏学. 略论虚拟体验. 商业时代，2003, (20): 50-51.
[408] 戢守峰，姜力文，赵丹. 不同融资模式下考虑消费者偏好的双管道供应链订货与定价策略. 工业工程与管理，2017, 22 (4): 1-9.
[409] 简兆权，令狐克睿，李雷. 价值共创研究的演进与展望——从"顾客体验"到"服务生态系统"视角. 外国经济与管理，2016, 38 (9): 3-20.
[410] 姜陆，金玉芳. 基于偏好理论的自助服务使用行为影响因素研究. 管理评论，2016, 28 (4): 201-211.
[411] 蒋廉雄，战男，朱辉煌，等. 企业创新活动如何转化为品牌效应：类别化认知的主导机制. 外国经济与管理，2017, 39 (3): 61-78.
[412] 蒋婷. 基于员工体验的游客间互动行为的质性研究. 河南社会科学，2014, 22 (3): 84-89.
[413] 蒋婷，张峰. 游客间互动对再惠顾意愿的影响研究——基于游客体验的视角. 旅游学刊，2013, 28 (7): 90-100.
[414] 金立印. 网络口碑信息对消费者购买决策的影响：一个实验研究. 经济管理，2007, 29 (22): 36-42.
[415] 匡红云，江若尘. 主题公园资源要素与"令人难忘的旅游体验". 经济管理，2019, 41 (01): 137-155.
[416] 黎春燕，李伟铭. 同质化商品的消费者品牌决策影响因素研究——基于手机购买的归纳性探索研究. 华东经济管理，2012, (8): 102-106.
[417] 李东娟. 酒店其他顾客行为对顾客感知服务质量的影响. 旅游学刊，2014, 29 (04): 48-54.
[418] 李海霞. 电商服务接触对消费者重购意愿的影响——以生鲜为例. 商业经济研究，2019, (03): 75-78.
[419] 李豪，高祥，姚琦，等. 基于家庭计划的航空客运定价策略研究. 价格理论与实践，2018, (4): 37-42.
[420] 李嘉琪. 移动健身虚拟社区用户体验对品牌忠诚的影响研究. 广州：华南理工大学，2018.
[421] 李军，李志宏. 网络环境下的现代服务接触研究述评. 科技管理研究，2014, 34 (6): 118-125.
[422] 李君豪. 品牌感知价值，品牌偏好与购买意愿的关系研究. 保定：河北大学，2016.
[423] 李雷. 人机交互型服务接触、电子服务质量与电子服务价值的关系. 广州：华南理工大学，2014.
[424] 李雷，简兆权. 服务接触与服务质量：从物理服务到电子服务. 软科学，2013, 27 (12): 36-40.
[425] 李垒. 品牌个性和品牌沟通对品牌忠诚的影响研究. 西安：西安理工大学，2017: 46-52.

[426] 李良智, 欧阳叶根. 一线员工服务沉默行为的结构与测量——基于服务接触情景视角. 经济管理, 2013, 35 (10): 91-99.

[427] 李娜. 个体异质性对消费者品牌偏好的影响研究. 哈尔滨: 哈尔滨工业大学, 2016.

[428] 李倩倩, 崔翠翠. 本土品牌逆袭与消费者偏好逆转的纵向扎根研究. 管理科学, 2018, 31 (5): 42-55.

[429] 李姗, 周林森. 第三种顾客价值和体验营销. 哈尔滨学院学报, 2005, 26 (9): 129-132.

[430] 李世杰, 蔡祖国. 建议零售价, 消费者偏好偏离与转售价格控制. 管理世界, 2016, (12): 133-144.

[431] 李先国, 段祥昆. 转换成本, 顾客满意与顾客忠诚: 基于移动通信客户行为的研究. 中国软科学, 2011, 4: 154-160.

[432] 李志兰. 顾客间互动研究综述与展望. 外国经济与管理, 2015, 37 (12): 73-85.

[433] 李祖兵. 顾客感知价值对凉茶消费者品牌偏好, 购买意向的影响研究. 广州: 华南理工大学, 2012: 24-27.

[434] 梁建, 刘芳舟, 樊景立. 中国管理研究中的量表使用取向（2006～2015）: 关键问题与改进建议. 管理学季刊, 2017, (2): 41-63.

[435] 令狐克睿, 简兆权. 制造业服务化价值共创模式研究——基于服务生态系统视角. 华东经济管理, 2017, (6): 84-92.

[436] 刘好强. 顾客间互动研究综述与未来展望. 技术经济与管理研究, 2014,(10): 56-60.

[437] 刘金岩. 供应链上游买卖关系的分析: 交互作用与创新. 生产力研究, 2007, (17): 119-121.

[438] 刘满成, 石卫星, 章华东. 基于年龄变量分组的消费者电子商务采纳影响因素分析. 统计与决策, 2015, (11): 96-99.

[439] 刘倩楠. 基于品牌关系理论的酒店危机公关研究. 大连: 东北财经大学, 2017.

[440] 刘圣文, 李凌, 项鑫. 竞猜型体育彩票消费者忠诚度研究: 体验价值与观赛热情的交互效应. 体育与科学, 2018, (3): 15-19.

[441] 刘新, 杨伟文. 虚拟品牌社群认同对品牌忠诚的影响. 管理评论, 2012, 24 (8): 98-108.

[442] 刘勇, 赵保国. 基于Mixed Logit模型的顾客品牌选择研究. 财经问题研究, 2014, (6):126-131.

[443] 卢长宝, 李羽慧. 忠诚计划管理模式创新研究: 价值共创的视角. 福州大学学报（哲学社会科学版）, 2016, 30 (1): 49-57.

[444] 罗暖, 李欣, 张明立. 品牌形象对品牌关系利益的影响. 管理科学, 2016, 29 (6): 120-130.

[445] 吕明军, 梁文光. 基于品牌社群社会资本和消费体验的品牌忠诚培育研究. 企业经济, 2014, (3): 20-23.

[446] 吕庆华, 郑淑蓉, 刘伟, 等. 品牌依恋对运动鞋品牌忠诚的影响机理: 运动鞋品牌承诺的中介作用. 上海体育学院学报, 2014, (05): 32-39.

[447] 马鸿飞. 消费者品牌偏好的形成及行为经济学视野的分析. 中国流通经济, 2008, (7): 60-62.

[448] 马连福. 体验营销——触摸人性的需要. 北京: 首都经济贸易大学出版社, 2005.

[449] 马颖杰, 杨德锋. 服务中的人际互动对体验价值形成的影响——品牌价值观的调节作用. 经济管理, 2014, 6: 86-98.

[450] 倪亚蓓. 饭店服务接触对顾客感知价值和顾客忠诚的影响研究. 杭州: 浙江大学, 2010.

[451] 戚海峰. 消费者独特性需求对独特产品/品牌偏好影响的研究. 财经论丛, 2008, 140 (6): 90-95:

[452] 秦保立. 在线旅游预订服务的顾客价值、涉入与忠诚研究. 广州: 华南理工大学, 2011.

[453] 邱玮, 白长虹. 基于扎根理论的旅游品牌内化研究——以一家五星级酒店为例. 旅游学刊, 2012, 27 (10): 46-52.

[454] 裘晓东, 赵平. 如何实施成功的品牌延伸战略. 商业研究, 2003, (3): 134-135.

[455] 屈云波. 中国企业：最需要营销而又最缺乏营销. 技术经济与管理, 1996, (6): 24-29.
[456] 申成霖, 侯文华, 张新鑫. 顾客异质性管道偏好下横向竞争对零售商混合管道模式的价值. 系统工程理论与实践, 2013, 33 (12): 3068-3078.
[457] 申光龙, 彭晓东, 秦鹏飞. 虚拟品牌社区顾客间互动对顾客参与价值共创的影响研究——以体验价值为中介变量. 管理学报, 2016, 13 (12): 1808-1816.
[458] 沈璐, 庄贵军, 姝曼. 品牌帖子转发与品牌偏好之间的因果关系. 管理科学, 2016, 29 (1): 86-94.
[459] 沈璐, 庄贵军, 姝曼. 服务主导逻辑下交互性与产品知识对品牌偏好的影响. 软科学, 2016, 30 (04): 101-104.
[460] 舒伯阳, 余日季. 服务利润链与盈利成长方向的服务创新. 经济管理, 2005, (21): 83-87.
[461] 宋雪雁, 管丹丹, 张祥青, 等. 基于服务接触的电子政务门户网站知识服务质量影响因素研究. 图书情报工作, 2018, 62 (23): 22-31.
[462] 苏嘉杰. 顾客体验价值与酒店服务质量研究. 上海：华东师范大学, 2005.
[463] 谭竹芸. 汽车品牌偏好与品牌选择的关系. 广州：华南理工大学, 2016.
[464] 陶宇红, 井绍平, 周庆元. 基于BP模型的消费者绿色品牌偏好变化趋势分析. 消费经济, 2011, (4): 19-23.
[465] 万珍妮, 马晓云, 方姣姣. 品牌民族符号对消费者品牌选择的影响. 首都经济贸易大学学报, 2018, 20 (1): 59-68.
[466] 汪克夷, 周军, 李丹丹. 电信行业中服务接触对顾客关系的影响作用研究. 大连理工大学学报（社会科学版）, 2009, 30 (1): 5-9.
[467] 汪涛, 谢志鹏, 崔楠. 和品牌聊聊天——拟人化沟通对消费者品牌态度影响. 心理学报, 2014, 46 (7): 987-999.
[468] 王财玉. 消费者态度满意与行为忠诚关系的一致与分离. 心理科学进展, 2012, 20 (10): 1690-1699.
[469] 王丹丹. 服务企业品牌忠诚的形成路径分析——对如家、浙商银行和小南国的纵向案例研究. 管理评论, 2018, 30 (7): 292-304.
[470] 王海花, 熊丽君. 共享经济背景下顾客参与价值共创的影响因素研究. 商业经济研究, 2018, (21): 43-45.
[471] 王海忠, 于春玲, 赵平. 品牌资产的消费者模式与产品市场产出模式的关系. 管理世界, 2006, (1): 106-119.
[472] 王季, 李倩. 电话服务接触：内涵新解、动机差异与质测维度. 辽宁大学学报（哲学社会科学版）, 2016, (1): 14-19.
[473] 王建玲, 刘思峰, 吴作民. 服务接触理论及其最新研究进展. 企业经济, 2008, (1): 84-86.
[474] 王瑾玮. 科技应用对饭店服务接触满意度的影响研究. 杭州：浙江大学, 2006.
[475] 王京传, 李天元. 服务接触：目的地建设旅游公共服务体系的新视角. 旅游学刊, 2012, 27 (3): 27-29.
[476] 王鹏, 黄谦, 陈茗婧. 品牌来源地、购买体验与品牌感知质量——基于中国体育用品的实证研究. 西安体育学院学报, 2019, 36 (01): 38-44.
[477] 王鹏, 黄谦. 购买经历对中国消费者品牌特性感知和品牌偏好的影响：基于ELM视角. 商业研究, 2014, 56 (5): 125-133.
[478] 王溯, 傅贤治. 体验营销与顾客体验价值分析模型. 经济管理, 2006, (21): 66-69.
[479] 王新新, 潘洪涛. 社会网络环境下的体验价值共创：消费体验研究最新动态. 外国经济与管理, 2011, 33 (5): 17-24.
[480] 王新新, 万文海. 消费领域共创价值的机理及对品牌忠诚的作用研究. 管理科学, 2015, 25 (5): 52-65.

[481] 王秀宏, 杨立娟, 马向阳. 怀旧倾向对老字号真实性与品牌承诺, 购买意愿关系的调节作用. 沈阳工业大学学报（社会科学版）, 2017, 10 (01): 52-59.

[482] 王雅倩. 基于共享单车的品牌体验对品牌忠诚的影响研究. 南京: 南京理工大学, 2018.

[483] 王永贵, 韩顺平, 邢金刚, 等. 基于顾客权益的价值导向型顾客关系管理——理论框架与实证分析. 管理科学学报, 2005, (06): 27-36.

[484] 王元勇. 如何打造品牌: 强势品牌创建与发展. 北京: 工商出版社, 2002: 72-74.

[485] 卫海英, 张蕾. 服务品牌资产驱动模型研究——基于多维互动质量的视角. 经济管理, 2010, (5): 159-166.

[486] 吴波, 东进, 谢宗晓. 消费者绿色产品偏好的影响因素研究. 软科学, 2014, 28 (12): 89-194.

[487] 吴聪贤, 文崇一, 杨国枢. 社会及行为科学研究法（上册）. 13 版. 重庆: 重庆大学出版社, 2006: 67-71.

[488] 吴晓云, 王建平, 刘恬萍. App 用户体验要素, 体验价值与品牌价值——以运动类计步 App 为例. 财经论丛, 2018, 240 (12): 84-94.

[489] 吴义宏, 杨效忠, 彭敏. 主题公园拥挤感知的影响因素研究: 以方特欢乐世界为例. 人文地理, 2014, 29 (4): 119-125.

[490] 吴明隆. 问卷统计分析实务—SPSS 操作与应用. 台北: 五南出版社, 2010: 62-67.

[491] 吴文贵, 黄淑琴. 摊贩服务场景, 服务接触对顾客情绪反应, 商品评价及消费意愿之影响. 商管科技季刊, 2014, 15 (4): 523-544.

[492] 向坚持. O2O 模式体验价值与顾客满意度, 行为意向关系研究与实证分析——以酒店业为例. 湖南师范大学社会科学学报, 2017, 46 (4): 124-129.

[493] 向敏. 女性吸烟者香烟品牌偏好及其相关变量的研究. 武汉: 华中师范大学, 2006.

[494] 肖轶楠. 服务接触研究综述. 吉首大学学报: 社会科学版, 2017, (S1): 50-54.

[495] 谢礼珊, 彭家敏, 王帅. 旅游预订网站顾客所感知的关系利益对顾客忠诚感的影响——兼论替代者吸引力的调节作用. 旅游科学, 2009, 23 (5): 50-58.

[496] 辛向阳, 王晰. 服务设计中的共同创造和服务体验的不确定性. 装饰, 2018, (4): 74-76.

[497] 许春武. 品牌体验对品牌忠诚的影响研究——基于品牌社区关系的中介效应. 大连: 东北财经大学, 2016.

[498] 许正良, 古安伟, 马欣欣. 基于消费者价值的品牌关系形成机理. 吉林大学社会科学学报, 2012, (2): 130-136.

[499] 杨德锋, 马颖杰. 服务中的人际互动对体验价值形成的影响——品牌价值观的调节作用. 经济管理, 2014, (6): 86-98.

[500] 杨立娟. 老字号餐饮品牌真实性与品牌忠诚作用机理的实证研究. 天津: 天津大学, 2017.

[501] 杨升荣, 徐飞, 陈洁. 基于离散选择模型的在线管道消费者品牌选择行为. 上海交通大学学报, 2009, (4): 517-520.

[502] 杨松, 庄晋财, 唐步龙. 信息不对称下考虑消费者品牌偏好的激励策略. 企业经济, 2018, 37 (3): 42-47.

[503] 杨腾蛟. 基于消费者感知的企业品牌权益对品牌忠诚的作用研究. 杭州: 浙江大学, 2008.

[504] 姚亚男, 郭国庆, 连漪, 等. 自媒体环境下顾客创造及其体验价值——基于微博用户访谈的内容分析. 管理评论, 2017, 29 (4): 98-107.

[505] 银成钺, 王影. 服务接触中顾客刻板印象的形成与支持: 内隐人格理论视角. 华东经济管理, 2014, 28 (2): 166-171.

[506] 尹世民, 牛永革, 李蔚. 微信公众账号: 品牌"粉丝"的类型和特征——基于自我表现品牌、品牌忠诚、品牌热爱和品牌口碑的聚类分析. 当代财经, 2016, (8): 67-76.

[507] 应爱玲, 朱金福. 消费者真实/理想自我概念与品牌个性一致性对品牌偏好的影响研究—以高端教育产品为例. 数理统计与管理, 2007, 26 (6): 971-976.

[508] 张初兵, 侯如靖. 自我概念一致性对网商品牌忠诚影响的实证研究——品牌认同及承诺的中介作用. 软科学, 2013, 27 (4): 136-140.

[509] 张芳. 移动互联网情境下餐饮服务接触对顾客行为意向的影响研究。杭州: 浙江大学, 2015.

[510] 张凤超, 尤树洋. 体验价值结构维度模型的比较研究. 消费经济, 2009, (4): 40-43.

[511] 张凤超, 尤树洋. 体验价值结构维度: 基于共同制造组织模式的实证研究. 武汉大学学报（哲学社会科学版）, 2010, (3): 451-457.

[512] 张红明. 品牌体验类别及其营销启示. 商业经济与管理，2003, 12: 22-25.

[513] 张明立, 唐寨丽, 王伟. 服务主导逻辑下品牌关系互动对品牌忠诚的影响. 管理学报, 2014, 11 (8): 123-134.

[514] 张薇, 瞿麟. 消费者日用品购买行为实证研究. 商业时代, 2006, (24): 25-26.

[515] 张希. 基于服务接触理论的餐饮服务交互模式研究. 哈尔滨商业大学学报: 社会科学版, 2009, (5): 107-112.

[516] 张晓东, 何攀. 跨境电商消费者品牌偏好影响机理研究. 消费经济, 2018, 34 (04): 82-89.

[517] 张欣瑞, 雷悦. 品牌偏好形成机理及营销启示. 商业经济研究, 2011, (4): 24-25.

[518] 张艳. 怀旧倾向对老龄消费者品牌偏好的影响——以中华老字号品牌为例. 财经问题研究, 2013, 11 (13): 123-128.

[519] 张耘堂, 李东. 本土意识, 品牌特性与网络顾客农产品产地偏好关系研究. 农业经济问题, 2016, (11): 61-68.

[520] 张芳. 移动互联网情境下餐饮服务接触对顾客行为意向的影响研究. 杭州: 浙江大学, 2015.

[521] 赵红燕, 薛永基. 实证研究——主观规范和行为态度的中介效应. 资源开发与市场, 2015, 31 (5): 548-553.

[522] 赵黎明, 张海波, 孙健慧. 公众酒店低碳消费行为影响因素分析——基于天津市酒店顾客的调查数据. 干旱区资源与环境, 2015, 29 (4): 53-58.

[523] 赵晓煜, 曹忠鹏, 张昊. 顾客之间的感知兼容性与其行为意向的关系研究. 管理学报, 2012, 9 (6): 890-899.

[524] 赵洋. 体验营销对赛事赞助商品牌偏好及购买意向的影响研究. 上海: 上海体育学院, 2017.

[525] 赵耀升. 消费者自我—品牌联系对品牌忠诚的影响. 济南: 山东大学, 2016.

[526] 赵占波, 何志毅. 中国消费者中外品牌偏好及关键影响因素实证研究. 财经论丛, 2009, (4): 90-95.

[527] 郑琦. 利益细分变量研究与消费者市场细分. 南开管理评论, 2000, 3 (4): 60-63.

[528] 郑秋莹, 姚唐, 曹花蕊, 等. 是单纯享乐还是自我实现? 顾客参与生产性消费的体验价值. 心理科学进展, 2017, 25 (2): 191-200.

[529] 郑文清, 胡国珠, 冯玉芹. 营销策略对品牌忠诚的影响: 顾客感知价值的中介作用. 经济经纬, 2014, (6): 90-95.

[530] 郑锡聪. 服务接触对企业形象与顾客忠诚度之影响-关系质量之中介效果. 中华创新发展期刊, 2016, 4 (1): 24-38.

[531] 钟振东, 唐守廉, Pierre, 等. 基于服务主导逻辑的价值共创研究. 软科学, 2014, 28 (1): 31-35.

[532] 周本存. 知识经济时代的营销特色. 商业研究，2001, (2): 137-139.

[533] 周芳. 餐饮连锁业顾客体验价值影响因素实证研究. 长沙：湖南大学，2009.
[534] 周飞，沙振权. 品牌拟人化对温暖和能力的影响：心理距离和成人玩兴的视角. 当代财经，2017, (1): 79-87.
[535] 周云，朱明侠. 品牌忠诚度的测算方法研究. 经济问题，2015, (10): 92-98.
[536] 周志民，卢泰宏. 广义品牌关系结构研究. 中国工业经济，2004, 11 (11): 98-105.
[537] 朱红红，孙曰瑶. 基于情感偏好的品牌延伸模型及经济分析. 当代经济科学，2009, 31 (1): 50-58.
[538] 朱丽叶，袁登华，张红明. 顾客参与品牌共创如何提升品牌忠诚——共创行为类型对品牌忠诚的影响与作用机制研究. 外国经济与管理，2018, 40 (5): 84-98.
[539] 朱玲. 工匠精神感知对品牌忠诚影响的实证研究. 合肥：安徽大学，2018.
[540] 邹德强，王高，赵平，等. 功能性价值和象征性价值对品牌忠诚的影响：性别差异和品牌差异的调节作用. 南开管理评论，2007, 10 (3): 4-12.